新・次世代ビルの条件

ロングライフ・フレキシビリティ・クオリティ

Long life, Flexibility, Quality

オフィスビル総合研究所［ベースビル研究会］

鹿島出版会

はじめに

本書の目的は、次の時代の社会・経済・人間が求めるオフィスビルをさまざまな視点で捉え、その全体像と方向性を明らかにすることである。

ひとくちにオフィスビルといっても、建築、不動産、都市、金融（投資）、ファシリティマネジメント等々、さまざまな要素が絡み合っており、その分野ごとに多くの専門書や技術書が刊行されている。しかし、それぞれの専門分野が縦割りのまま深化しているために、かえって全体像がつかみにくくなっているのではないだろうか。

本書の最大の特徴は、この一冊で、オフィスビルに関連するさまざまな専門分野の最先端の考え方や方向性をチェックできることである。

「ロングライフ」「フレキシビリティ」「クオリティ」を主軸に、これからのオフィスビルの企画、設計、施工、運営、投資、利用に役立つ五八の視点を示した。これは、立場も専門も異なる実務家と研究者一九名（巻末掲載）のコラボレーションによって抽出されたエッセンスである。

ビルオーナーはもとより、不動産会社、設計者、ゼネコン、インテリアプランナー、投資家、銀行マン、ファンドマネジャー、ファシリティマネジャー、テナント企業、プロパティマネジャー、さらには建築や不動産を学ぶ学生の皆さんまで、オフィスビルに関わるすべての方々の羅針盤となれば幸いである。

なお、本書は二〇〇〇年に刊行した「次世代ビルの条件」をベースにしている。前書の執筆から七年、第一線で活躍するメンバーひとりひとりがそれぞれの実務を通じて内容を実践・検証し、この間の環境変化を踏まえて新たな視点を加えた。

最後に、本書の刊行にあたって多くの方々のご協力をいただいた。この場を借りて改めてお礼申し上げたい。

二〇〇六年一一月

オフィスビル総合研究所　代表取締役　本田　広昭

■将来技術動向マップ（NO.1）

分類	2006年 現在技術の延長（1～3年以内）	近未来技術（3～10年以内）	2016年 未来技術（10年以上）
社会状況 ライフスタイル	・電子商取引 ・環境会計 ・生涯学習・生涯教育 ・環境教育 ・情報開示・カルテ開示 ・アカウンタビリティ（説明責任） ・ＩＰＰ（電力小売） ・ショップモビリティ ・タウンモビリティ ・予備オフィス ・水素ステーション ・天然ガススタンド ・グリーンエネルギースタンド ・ＧＴＬ（ガスツーリキッド） ・ＤＥＭ（ジエチルエーテル） ・エマルジョン燃焼 ・日本の人口ピーク（2007年） ・ガス小売り ・再生糸利用衣服 ・ネット調達 ・グリーンケミストリー ・ナノテクノロジー ・ワークシェアリング ・ユビキタス ・ＩＴＳ（ＥＴＣ） ・都心居住 ・環境家計簿 ・ＣＳＲ（企業の社会的責任） ・ＥＳＰ（エネルギー・サービス・プロバイダー） ・ＰＰＳ（特定規模電気事業者） ・クールビズ&ウォームビズ ・ＢＣＰ（事業継続計画） ・ＬＯＨＡＳ（ライフスタイルオブヘルス&サスティナビリティ） ・環境効率	・サマータイム ・ＩＴＳ ・交通需要マネジメント ・インテリジェントハイウェー ・日本の人口の1／4が65歳以上 ・公団公社民営化	・水素社会

法　規
法規改正 制度 判断基準
・省エネ法（エネルギー管理強化） ・PAL／CEC強化 ・企業内排出権取引 ・CO_2排出係数 ・エコステージ ・電力取引直物市場・先渡し市場 ・グリーン投資スキーム ・自然エネルギー促進法 ・建築物のエコラベル ・環境社会検定試験（ECO検定） ・カーボンニュートラル ・循環社会形成推進基本法 ・家電リサイクル法 ・容器包装リサイクル法 ・食品リサイクル法 ・建設リサイクル法 ・グリーン購入法 ・電力調達業務 ・国内排出量取引制度 ・PCB特別措置法 ・アルコール販売全面自由化 ・健康増進法 ・個人情報保護法 ・石綿対策の条例（福井県） ・エコマーク、エコラベル ・PRTR ・フロン回収義務化 ・ごみ処理有料化（家庭ごみ） ・CASBEE ・CASBEE-HI ・土壌汚染対策法 ・MSDS ・REACH（EUの化学物質政策） ・RoHS（EUの電子電気機器における特定有害物質使用制限） ・消費者契約法 ・東京都環境確保条例 ・石炭税 ・ファクターX（製品の環境影響度評価） ・温暖化対策税 ・割安電力一括購入 ・エコマネー ・パフォーマンス契約保証 ・新エネルギー等電気利用法（RPS法） ・マテリアルフローコスト会計
・炭素税 ・環境税 ・排出許可制度（CO_2） ・廃品再利用義務づけ

■将来技術動向マップ（NO.2）

分類			2006年 現在技術の延長（1～3年以内）	近未来技術（3～10年以内）	2016年 未来技術（10年以上）
環境	地球・地域	CO_2・温暖化ガス	・炭素税導入への事前対策	・永久凍土撹乱抑制 ・CO_2固定技術 （CO_2ハイドレート）	・水素社会によるCO_2削減 ・CO_2リサイクル （メタノールへの改質） ・乾燥地植林炭素固定 ・太陽電池による水素生成 ・藻類による水素生成 ・水原料の水素製造
		フロン	・フロン回収 ・代替フロンの高効率化 ・ノンフロン機器 ・自然冷媒 （アンモニア・エアーズ・CO_2） ・ノンフロン断熱材 ・既存のノンフロン改修 （R22→R410）		・スターリングサイクル冷凍機 （水素、ヘリウム） ・ヴィルミエサイクル冷凍機 （熱駆動） ・水素吸蔵合金式冷凍機
		長寿命	・スケルトン・インフィル （S・I） ・コンバージョン	・用途可変フレキシブルシステム （EV・防災・EPM）	
	室内	快適性	・室内空気質 ・タスク・アンビエント空調 ・パーソナル空調 ・デシカント空調 ・置換空調 ・輻射空調 ・マイナスイオン ・花粉対策空調 ・低温空調	・休息空調／安らぎ空調 （輻射、香り） ・パッシブ融合空調	・人間感覚計測技術 ・オゾン利用快適環境
		光	・グレア防止 ・低輝度照明 ・ライトファイバー ・タスク&アンビエント ・太陽光採光システム ・昼光利用 ・LED照明 ・光ダクト ・サーカディアン	・蓄光（光貯蔵）	
		電磁波環境	・電磁シールド ・電波吸収材 ・開放型磁気シールド ・情報漏洩防止技術 ・電磁遮蔽シミュレーション		
		音響	・バイオミュージック ・サウンドマスキング ・アクティブノイズフィルター ・インテリジェントPA	・超音波スピーカ	

省資源・廃棄物削減		省エネルギー			
循環システム	リサイクル・リユース	自然・未利用エネルギー	ピークシフト／ピークカット	高効率搬送動力低減	負荷低減
・メタン発酵生ごみ処理燃料電池 ・RDF ・ごみ処理有料化 ・小型住宅用生ごみ処理装置 ・ダイオキシン熱分解技術 ・PCB処理 ・ディスポーザ＋排水処理 ・RPF	・エコマテリアル ・エコケーブル、エコパイプ ・設備機器のリース化（蛍光管） ・廃材発電	・太陽電池（太陽電池変換効率20％向上） ・自然換気併用ハイブリッド空調 ・河川水廃熱利用 ・グリーン電力（グリーン電力証書） ・マイクロ水力発電 ・雪冷房	・負荷平準化（蓄熱・ガス空調） ・ナイトパージ ・躯体蓄熱 ・デマンド制御 ・DSM ・NAS電池 ・フライホイール ・レドックスフロー電池 ・キャパシタ ・リチウムイオン電池	・BEMSミニマムエネルギー制御（知能化） ・インバータ化、ノンインバータ化の使い分け（部分負荷特性向上） ・搬送エネルギーの最小化（二次冷媒、大温度差、氷搬送） ・ベストミックス ・高効率照明器具 ・吸収式冷凍機（三重効用） ・マイクロコジェネ ・マイクロガスタービン発電機 ・省電力システム（待機電力低減） ・省エネルギー輻射冷暖房システム ・高効率ターボ ・小型住宅用燃料電池	・ベンチレーテッド・ファサード ・高機能窓ガラスシステム（ダブルスキン・エアーフロー） ・ビオトープ ・壁面緑化
・エコ・エネ都市 ・生ゴミ高速減容化システム	・スマートマテリアル ・閉鎖型エコシステム ・ガス化溶解炉（産廃高温溶融＋合成ガス利用＋電力回収） ・エコシティー	・地熱バイナリー発電 ・排熱利用吸収式システム ・CIS太陽電池（銅、インジウム、セレン）		・固体酸化物型燃料電池 ・直接水素型 ・需要地分散型発電 ・広域熱供給ネットワーク ・エネルギーカスケード利用 ・常温超電導	
		・太陽電池による水素生成 ・熱電変換素子熱回収システム ・宇宙太陽光発電 ・全世界電力ネットワーク	・季節間蓄熱（帯水槽活用）	・進化鉛二次蓄電池 ・色素増感型太陽電池 ・搬送エネルギーの最小化（カプセル搬送）	・人工気象による省エネ ・エネルギー自立型建築物

その他

都市	宇宙	安全・健康 高齢化 少子化	新材料	バイオ	情報・コミュニケーション
・都市再生 ・ヒートアイランド対策	・国際宇宙ステーション	・環境ホルモン ・VOC ・環境モニタリング（生産施設） ・ダイオキシン対応 ・バリアフリー ・危機管理 ・ゼロアスベスト ・抗菌 ・電磁波防止 ・高齢化対応技術（徘徊防止、安否確認）、RFID（位置情報認証）タグ ・無塩素化製品（ノン塩ビ製品） ・ユニバーサルデザイン ・オストメイト対応トイレ	・超鉄鋼材料 ・長寿命コンクリート ・光触媒 ・超高強度コンクリート ・保水性舗装 ・自己修復材料 ・高機能塗料（耐火、熱反射、高耐久） ・瞬間調光曇りガラス ・自己組織化省エネ調光ガラス ・発熱ガラス	・アグリビジネス ・バイオプラスチック ・バイオマス燃料 ・バイオエタノール燃料 ・土壌汚染処理 ・クローン家畜 ・バイオレメディエーション（産廃微生物処理） ・ヒトゲノム	・情報フィルタリング技術 ・情報検索技術 ・電子商取引（eコマース） ・情報家電（ネット家電） ・電子図書館 ・デジタルデバイド ・IPフォン ・IPネットワーク ・フリーアドレス ・電子役所登録 ・FTTH ・ブルーレイディスク ・リモート診断 ・情報漏洩防止技術 ・電子カルテ ・バーチャルモール ・ホームバンキング ・デビットカード ・PLC（電力線通信） ・ユビキタス ・ICタグ ・二次元バーコード
・電力自給都市	・宇宙旅行	・ロボットスーツ（パワードスーツ） ・介護ロボット ・クローン臓器	・対摩耗・低パーティクルセラミクス ・インテリジェント材料（自己判断行動材料） ・塗布型太陽電池 ・プラスチック配線	・バイオインフォマティクス（遺伝子情報技術） ・DNAコンピューティング ・万能細胞 ・バイオマスエネルギー	・ウェアラブルコンピュータ ・PDA（ウェアラブルインターネット） ・マルチメディアスーパーコリドー ・CALS ・DNAコンピュータ、量子コンピュータ ・ブルーアイズ ・テレビアナログ放送打切り（2011年） ・立体テレビ ・可視光通信
	・微小重力環境 ・宇宙空間でのエネルギー移送 ・イオンエンジン	・人工臓器 ・マイクロロボット医療（生体内自走治療）		・遺伝子診断 ・海水農業 ・バイオリアクタ	・PAN技術（握手やキスだけの情報交換） ・リメンバランスエージェント ・常温超伝導ケーブル

新・次世代ビルの条件……………［目次］

第4章 テナントに喜ばれるオフィスビル

第5章 次世代ビル実現のプロセス

第6章 その先のオフィス～自然と人との親和空間へ

序 章

未来社会が求める
オフィスビル

二〇〇六年、長いトンネルを抜けて日本経済は新たな局面を迎えた。バブル崩壊後、痛みを伴う構造改革が進み、そのなかから新しい価値観やビジネスが誕生した。一方で、欧米から無条件に取り入れてきた仕組みや技術の再検証や改編も行われるようになり、日本人が忘れてきた日本の「情緒」「文化」「知恵」「感性」を見直す動きもある。グローバルスタンダードに向けて大改革を進めてきた時代から、これからは「グローカル（グローバル＋ローカル）スタンダード」あるいは「ジャパンスタンダード」を構築する時代に差し掛かっているのではないだろうか。

そうしたなかで、ビジネス活動の舞台となるオフィスビルはどうあるべきか。

結論からいえば、「時代の変化」「環境との親和」「日本人の情緒や感性」という因子を組み込んだ、ベーシックなロングライフ建築がその原型となろう。

◉──「環境親和」という新たな視点

二〇世紀、オフィスビルは「エレベータ、空調、照明」によって進化した。エレベータは高層化を可能にし、空調設備は気候を問わず窓を開けない空間を生み出し、照明は奥行の深い大空間を創り出した。

二一世紀に入っても、オフィスビルはさまざまな機械設備を組み込みながら進化を続け、高さを競い、スペックを競い、巨大なマシーンとなって自然や街との接点を閉ざし、人間の感性とかけ離れた存在になりつつある。

また、近年、ビル事業を取り巻く環境も激変した。不動産投資信託市場（Ｊ－ＲＥＩＴ）の誕生を契機に不動産投資市場が急成長し、オフィスビルは投資家から金融商品として評価される「財」となった。合理的な判断基準が浸透した反面、利回り重視の投資家がオフィスビルづくりや運営の決定権を握るようになり、建築を金融商品としかみない風潮も見受けられる。

そうした価値観でオフィスビルがつくられ運営されたとき、都市あるいはそこで働く人間にとって本当に豊かな環境が実現できるのだろうか。「財」としての側面が強調されすぎ、「人間環境」という視点が置き忘れられてしまうことを我々は危惧する。

オフィスビルはあくまでも人間活動の場である。

特に二一世紀、オフィスにおける生産性の源泉は、人間のクリエイティビティ（創造力）であるといわれている。かつては情報処理やルーティンワークがオフィス活動の主体だったが、これからはフェース・ツー・フェースのコミュニケーションやコラボレーションを通じて、いかに人間のクリエイティビティを発揮させるかがカギになる。高度な価値を生み出す「場」にふさわしいしつらえや環境を提供することがこれからのオフィスビルの重要な役割であり、存在意義になるだろう。

また、ワーカーにとってオフィスと住まいは人生の大部分を過ごす空間であり、その空間のクオリティやアトラクティブネス（魅力）が人生の豊かさを左右する。

「建築は人の営みの器である」という原点に立ち戻り、経済的側面を満足させるだけでなく、空間的魅力をもち、自然や街並みと親和し、環境になるべく負担をかけないオフィスビルを考えたい。

機械や設備に過度に頼らず、自然光を取り入れ、風を通し、美しく歳を重ねる素材を使い、都市や街に開き、景観や街並みと調和し、交感するようなオフィスビル。さらに都市の自然を生み出すような面開発や屋上緑化などの環境配慮の視点も求められよう。

それらをなるべく簡素に、端正に、長期にわたってかなえる方法を模索すべきではないだろうか。

◉――ロングライフ&フレキシビリティ

ロングライフとフレキシビリティは表裏一体の関係である。

躯体は地震などの災害や経年変化に耐えうる健全な骨格とし、内部は時代変化に対応できる柔軟性を備えたものであることが、我々の考える「次世代ビル」の基本形であり、その両方を満たすものでなければ、よいストックとはなりえない。

新・次世代ビルの輪郭を明確にしていく過程では、時代を超越してオフィスビルがもつべき要素（不変的な要素）と、時代の要請に対応して変化していくべき要素（可変的な要素）を分類し、それぞれの要素をいかにしてひとつの建物のなかに組み込んでいくかが焦点となった。

不変的な要素としては、たとえば、安全性・耐久性をベースとして、人間の身体寸法や人間の五感、日本の気候風土への対応などが挙げられる。

可変的な要素としては、設備やオフィス機器の進化、空間の利用方法（用途も含む）やワークスタイルの変化などが挙げられる。ＩＴが非常に短期間でビジネスシーンを変貌させ、それに伴って企業の組織やワークスタイルも急激に変化している。このような時代には、ビルそのものに最先端設備を組み込んでもわずかな期間で陳腐化してしまうだろう。それだけでなく、次の変化への対応を妨げる可能性すらある。

むしろ、設計段階から変化を想定したインフラストラクチャーを構築し、多様化するテナントの要望を実現しやすいシステムやモジュールを用意しておくほうが、ビル側にとっても、テナント側にとっても自由度が高く、イニシャルコストもライフサイクルコストも低減できるはずだ。

前述した地球環境への配慮という視点からも、スクラップ&ビルドが許されない時代がきている。倫理的な問題だけでなく、環境負荷コストがオンされれば、スクラップ&ビルド方式のビル経営は事業採算上も成り立たなくなる。

世代を超えて使い回すことを前提にしたビルづくりは時代の要請といえよう。

また、地震国・日本では、稼働期間中に遭遇する大地震に備える必要がある。耐震性はもちろんのことだが、ビル事業者およびテナント企業の事業継続計画上も、その後の復旧費用や復旧速度も織り込んだ企画・設計が不可欠である。

そうした対策費用を織り込んでも、建替えに伴うコストと事業中断リスクを考えれば、長期運用が可能な躯体と維持管理や設備更新などのコストを少なくする構造や仕組みを備えたビルのほうが、はるかに高い経済運用ができるはずだ。

◉——コストからアトラクティブネス（魅力）へ

バブル崩壊以降、ビル事業のさまざまなリスクが顕在化し、イニシャルコストの削減が至上命題になった。不透明だった建築コストに対する見直しも行われ、海外の受発注の仕組みが導入されるなど、さまざまな取組みが行われている。

反面、イニシャルコストの削減に気をとられ、安全性や耐久性、居心地、変化対応力といったロングライフビルに欠かせない要件が疎かになっているケースも散見される。これでは本末転倒である。イニシャルコストではなく、ライフサイクルコストという長期的視点で、もっとも経済的かつクオリティも高く、働く人々にとっても魅力的なビルをつくる方法を考えたい。

二〇〇六年、日本経済は底を打ち、回復に向かっている。オフィスビル市況も回復し、優良ビルの空室率は急激に改善されている。それに伴い、優良ビルについては賃料が上昇しているが、これがすべてのビルに波及すると考えるのは早計であろう。

テナントのコスト意識は依然として高く、オフィスビルを選別する眼も磨かれている。しかも、テナントのニーズは年々多様化しており、万人向けの空間や設備では満足しない。前述のように、人間のクリエイティビティを最大限発揮できるようなオフィスでなければ、企業は高い賃料を認めない。そして、そのかたちは業態によっても企業によっても異なる。

こうした多種多様なテナントの要求をかなえるには「すべてをビル側が用意する」従来の方法では限界がある。ビル側がテナントの要望をかなえる基盤を用意し、テナント側の基準で必要な内装や設備を加えるスケルトン・インフィルの設計思想で対応することを、ひとつの解決策として挙げたい。

また、つくり手の都合で進めてきた発想を見直すことも必要である。たとえば、窓が開くオフィスやバルコニー付きのオフィスビルなど、自然力を取り入れ、人間感覚に合った「かたち」をオフィスビルの新たな価値やクオリティとして捉え直すことはできないだろうか。

同様に、デザインや文化性、歴史的価値といった、数値で測れない要素も評価軸に入ってくることを期待したい。

これらは、冒頭述べた「金融商品」としての評価軸にはなかったものであるが、次世代ビルのクオリティやアトラクティブネスを追求するうえで欠かせない視点ではないだろうか。

◉――グローバル化と日本らしさ

二〇〇一年に誕生したＪ-ＲＥＩＴの拡大などによってグローバルマネーが日本の不動産市場にどっと流れ込んでいる。欧米のビジネススタイルやビジネスルールが持ち込まれ、「土地こそが資産」という土地神話は完全に崩壊した。それに代わって「不動産の価格は収益力によって決まる」という収益還元の考え方が普及し、オフィスビルの評価基準も、投資利回りを左右するすべての要素やリスクを洗い出し、再投資コストや環境対策、地震リスクへの対応度、管理運営の詳細にいたるまで、専門家によって詳細に調査検証されるようになった。

オフィスビル事業においても日本特有の商慣習は排除され、いわゆる「グローバルスタンダード」な評価手法や評価基準、管理運営手法が浸透しつつある。また、Ｊ－ＲＥＩＴや私募ファンドの拡大が市場の透明化と活性化をもたらしたことも事実である。

しかし、一方で、オフィスビル事業に関わるさまざまな専門家の間からは、投資家主導のビルづくりや管理運営が必ずしも美しい都市や豊かなオフィス空間と結びつかないのではないかという疑問も提起されている。

繰返しになるが、五〇年、一〇〇年と人々の営みを支える次世代ビルを考えるうえで、「理想」「美」「文化」「感性」「見識」といった、数値では測りきれないものが重要な要素ではないか。これらをオフィスビルのなかにどのような方法で取り入れ、こうした価値をどう評価するかについては、まだ、答えは出ていない。しかし、キャッシュフローだけですべてを判断するやり方に対して、我々は「ＮＯ」といいたい。

新しいアプローチを探るひとつのヒントとしては、日本社会の培ってきた知恵や価値観をもう一度見つめ直し、そのなかから役立つものを再編集していくというやり方がある。日本古来の知恵や慣習は日本の風土や社会のなかで、長年かけて形づくられてきたものであり、日本の文化なのである。

たとえば、日本の四季を感じられる空間、日本の意思決定システム、信頼関係を前提とした契約やゼネコンの責任施工方式など、グローバル化のなかで否定されてきた仕組みをもう一度見直し、よい部分は残し、悪しき部分は改善して次の日本社会にふさわしいニュースタンダードを構築していくことはできないものだろうか。こうした視点を含めて、次世代ビルの企画・設計・施工・管理運営、そして使い方を再構築していく必要がある。

第1章
健康で長寿命な
オフィスビル

01 「都市インフラ」としての建築

コンバージョンで社会変化に対応する

米国のマンハッタンには四〇階以上のビルがおよそ一四〇棟あるといわれる。しかし、ダウンタウンの「ワン・リバティ・プラザ」を除けば、解体・建替えをしたビルはほとんどない。これらのビルの投資家が、ビルの市場価値を保つためにリノベーション（機能更新）とコンバージョン（用途転換）を積極的に実行しているからだ。

また、最近では、ダウンタウンの真っ直中のオフィスビルを丸ごと一棟、集合住宅にコンバージョンした事例も出た。ロアーマンハッタンではオフィス街のスラム化を防ぐために、一九九四年に都市計画を見直し、既存建物の複合施設化や住居系への用途転換を優遇する税制を施行した。職住近接のワークスタイルやライフスタイルを望むアーティストや事業家がこうした集合住宅に移り住み、街に活気が戻っている。

英国・ロンドンのシティでも、情報化に対応できなくなったビルが裕福なトレーダーたちの高級マンションに生まれ変わっている。ヨーロッパでは用途転換は珍しいことではない。ルーブル美術館の建物も一一九〇年に要塞として建設されてから、王宮や大蔵省オフィスなどを経て現在にいたっている。

◉——建築の構造躯体を都市のインフラと考えたい

ヨーロッパでこうしたコンバージョンの例が多いのは、建物寿命が長く、構造躯体が都市インフラとして捉えられているためだろう。建築はいわば人工大地であり、都市景観そのものでもある。利用者はその内部空間のみ自由につくり替えて、それぞれの用途に合わせて使ってきた。

日本の都市はいかにもオフィス然、マンション然とした建物が混在しており、無秩序な都市景観となっている。それぞれは確かに機能的にできていても、五〇年、一〇〇年と利用することを考えれば、もっとも融通のきかない建物になる可能性がある。

現実に、日本の地方都市の駅前商店街は車社会の到来で郊外の大規模ショッピングセンターに客を奪われ、衰退の一途を辿っている。時代とともに変化する立地環境が建物の用途を根底から覆すこともありうるのだ。

◉──「容易に建替えられない時代」の建築とは

これからくる「容易に建替えられない時代」を想定するならば、「人間のための空間とは何か」という建築の本質に立ち戻り、安全性や人間の感性やスケールに合った心地よさに目を向けたい。

たとえば、構造的に地震にも安全で、光や風、自然、街並みといい関係をもった建築ならば、将来、用途がどのように変わろうとその持ち味を生かすことができるはずだ。

反対にマシーンのようにスペックを競い、街との接点を拒絶したようなデザインのオフィス建築は、自ら将来の可能性を狭めているようにみえる。

ちょうどレコードがカセットテープに変わり、ＣＤやＤＶＤへ、そしてインターネットを利用した音楽配信へと、媒体がどんなに変わっても音楽そのものが変わらないように、器（媒体）よりもそのなかの「音楽」に焦点を当てたビルづくりが望まれる。優れた音楽は器（媒体）に関わりなく、人を感動させる不変の生命をもっている。

◉——自ら可能性を狭めてしまった自社ビル

企業の事業内容をイメージさせる奇抜なデザイン、役員フロア専用エレベータ、コンピュータルームや社員食堂など特殊用途のみを目的としたフロア……。自社ビル建築には、将来の変化をまったく配慮していない建築が目立つ。まるで特殊なデザインでひときわ目立つ本社ビルを建設することで、「わが社は未来永劫繁栄する」「わが社は未来永劫変わらない」と、社会に宣言しているかのようだ。

しかし、未来はそういう時代だろうか。また、オフィス建築とはそういうものだろうか。

三菱総合研究所の牧野昇氏が唱えた「企業三〇年説」を持ち出すまでもなく、大企業の倒産や吸収合併、業績悪化に伴う自社ビルや工場の売却や賃貸化、さらに、最近では財務体質強化を目的とした本社ビルなどの証券化やそれに伴うリースバックの事例も急増している。自社ビルの売却劇や証券化で印象的だったのは、売値はキャッシュフロー、つまり「貸してなんぼ」の賃料収益で決まっている、ということだ。

また、企業が発展していく過程でも、業務内容や組織、ビジネススタイルが以前より短いサイクルで変化している。その時々のニーズにもっともふさわしい立地やオフィス空間・機能もそれにつれて変わっていくだろう。

自社ビルを建設する場合も、賃貸ビルと同様、売却や証券化、賃貸化に対応できるような柔軟な設計や、維持管理費が少なくてすむ設計を考えたい。これも不透明な時代のリスクマネジメントのひとつである。

02 コンバージョンの可能性

基本インフラと日本の法制度がカギに

五〇年、一〇〇年先には、立地の特性もワークスタイルも企業も変わる。そうした変化までは誰も読み切れない。某一流企業の本社ビル建設チームは、本社の一部を賃貸化する場合や賃貸ビルとして売却する場合を想定して有利なプランを検討した。そればかりか内々ではホテルへの転用可能性まで検討したという。産業構造の転換に伴い、世界的な企業合併が進んでいることを思えば、賢明な判断である。

リニューアル工事でも用途変更を要求されるプロジェクトが増えている。将来の用途変更も可能なロングライフビルを実現するために、どんな条件を満たせばよいのかを検討してみよう。

◉——第一のカギは基本インフラ（階高と構造）

用途変更の第一のカギになるのが、階高と構造である。

階高は用途ごとに異なり、オフィスではおおむね三四〇〇～四二〇〇ミリ、マンションでは三〇〇〇～三五〇〇ミリ、ホテル（客室）では二八〇〇～三五〇〇ミリ、商業施設では四〇〇〇～四八〇〇ミリである。

将来、すべての用途に変更可能な建物を想定すると、これらの最高階高に設備の配管、配線などのフレキシビリティをもたせた五〇〇〇～六〇〇〇ミリ程度が想定される。すべての階にこれだけの階高をとっておくことは難しいだろうが、たとえば高層建物の低層階をこうした階高にしておくことによって、建物の用途可変性を高めることができる。

構造の床加重の設計値は、オフィスが一平方メートル当たり三〇〇キロ、マンション・ホテルは同一八〇キロ、商業施設が同三〇〇キロであり、これも最大値の三〇〇キロが確保されていればおおむね対応できる。

ひとくちに用途可変といっても、すべての用途を対象にするのか、二〜三の用途に限定するかで、基本インフラである階高と構造の内容がかなり異なってくることに留意したい。

◉──用途変更の壁となる法規制

前記の構造面での基本インフラがクリアされていれば、設備に関しては技術的にはほとんどの用途変更に対応できる。しかし、問題となるのは法規制の壁だ。具体的には避難経路、排煙設備、スプリンクラー、エレベータシャフトなどが制約を受ける。

たとえば、オフィスビルを住宅に変更する場合、日本では二方向避難のためのバルコニーを各戸にとらなければならない。また、オフィスビルを商業施設に変更する場合は、避難経路、エレベータ、エスカレータなどの上下階の動線を確保するための予備スペースが必要になる。これには倉庫などのスペースや安全区画的なことへの配慮が必要だ。

排煙設備は日本では一律だが、用途によっては別系統が要求されることがある。建築基準法三八条の加圧防排煙などの特例認定はほとんどが事務所用途だが、その場合には軽度の火種の解析なので、商業施設への変更は難しい。

スプリンクラーについては、最近、海外のオーナー、特に米国の企業では保険との関連もあって、米国のＮＦＰＡ(National Fire Protection Association)の基準を要求することが多い。国際化する経済活動を考えると、ＮＦＰＡの基準の合理性と経済性を取り入れたいものである。

◉――用途によって異なるエネルギー消費量

用途が違えば、必要とされる設備もエネルギー消費量も異なる。

たとえば、オフィスと住宅では浴室・トイレ・キッチンなどの水回りの設備やスペースが異なる。しかし、前述の構造の基本インフラと設備シャフトスペースが用意されており、コア&シェル（スケルトン・インフィルともいう）の設計思想を取り入れた建築ならば、これらへの対応は可能だ。ただし、表1のように、用途によって冷房、暖房、給湯、電力の最大負荷が異なるので、それらに対応できるようにしておく必要がある。

エネルギーの消費量（表2）の違いにも留意したい。たとえば、住宅の電気・冷暖房エネルギーの消費量はオフィスの約半分である。住宅では太陽光を積極的に取り入れたり、タスク&アンビエント照明を活用したり、ルームクーラーなどで空調の個別化や搬送エネルギーの最小化が図られている。また、オフィスと違って、住宅では衣類による調整もできる。

	電気 ［kWh/m²・年］	空調 ［MJ/m²・年］	水 ［m³/m²・年］	総エネルギー ［MJ/m²・年］
事務所	138	387	1.41	1696
商業施設	237	479	2.26	2663
ホテル	163	601	4.69	2835
マンション	60	63	1.84	1248

表1　各種建物における最大負荷原単位
（参考文献／住宅・建設省エネルギー機構，1990年）

最大負荷原単位	冷房 ［kJ/m²・h］	暖房 ［kJ/m²・h］	給湯 ［kJ/m²・h］	電力 ［W/m²］
事務所	335	251	21	45
商業施設	502	251	42	80
ホテル	163	335	105	45

表2　各種建物におけるエネルギー消費原単位
参考文献　『昭和62年度　建築物エネルギー消費量調査報告書』（社）日本ビルエネルギー総合管理技術協会／『各種建物のエネルギー消費量など調査結果』空気調和・衛生工学会第58巻11号／日本建築学会大会学術講演梗概集（近畿）1996年9月

余談ではあるが、日本のように一年間の寒暖が激しい国で、年間を通じて背広スタイルを後生大事に守る必要があるのだろうか。心地よさや省エネの観点から「クールビズ」が提唱され、浸透しつつあるが、当然の流れといえよう。設備機器の省エネだけでなく、生活スタイルの工夫ももっと必要ではないだろうか。ＳＯＨＯ（スモールオフィス・ホームオフィス）をひとつの突破口として、住宅のように自然力を利用した省エネ型のオフィスや、衣類を含めたワークスタイルの自由度が高まることを期待したい。

03 時間軸で考えるLCM

企画・設計段階でＬＣＭを導入せよ

「ライフサイクルマネジメント（ＬＣＭ）」とは何か。

車を例にとって説明しよう。車を買うとき、あなたはきっといろいろな点から検討するはずだ。価格、スタイル、性能、メーカーなどはもちろん、購入した後のランニングコストやメンテナンスのことも考えるだろう。燃費や税金、保険、車検、点検・修理、駐車場……。また、何年くらい乗るか、ある程度想定して、その間の家族構成やライフスタイルに見合う車を選ぶに違いない。環境意識の高い人ならハイブリット・カーを選ぶかもしれない。

このように、ＬＣＭは時間軸をもって、さまざまな角度から検討し、最適な「解」を探す手法だ。建物に置き換えれば次のように定義される。

「ＬＣＭとは、建築物の企画、設計、建設、運用、解体までの建物の一生を対象に、建築物の効用の創出・維持・向上と、生涯費用（ＬＣＣ）の削減、また、生涯資源使用量、生涯二酸化炭素発生量、生涯エネルギー使用量の削減の面から検討考慮し、最適の代替案を選択していく営みであり、そのための具体的な考え方と手法である」※

ＬＣＭを考える場合には、経済効率などの経営的な視点だけでなく、歴史・文化や環境などの社会的な視点も欠かせない。次世代のオフィス建築は経済効率だけでなく、こうした幅広い視点から評価されるようになるはずだ。

◉——企画&基本設計で八五%が決まる

では、いつLCMを検討すべきか。

建築のプロセスをみると、まず、事業計画に基づいて企画が立案される。ここでは事業が成立するための建物の用途、規模、グレード等が検討され、総事業費も大枠が決定される。この企画に基づいて建物の基本設計が行われる。建物の平面計画や立面計画、構造方式や設備システムといった建築の性能、仕様、デザイン等が検討され、建設コストも概算で算出される。

実は、ここまでの企画・基本設計段階で、建築の性能や全体のコスト配分の八五%が決まるといわれている。つまり、オーナーや設計者がこの段階でLCMの重要性に気づき、その考え方に基づいて企画や基本設計を進めるかどうかで建物の生涯が決まってしまうのである。

◉——LCMの視点があった戦前の日本

歴史を振り返ると、戦前の日本にはライフサイクルの視点をもって建築や都市を扱う文化があった。木造建築を定期的に修理あるいは部材を取り替えて、長く維持・継承していった。古い寺社や民家などにその証拠が残されている。当時の日本人にとっては、永続か更新かは二者択一ではなかったのだ。また、「茅場」に代表されるように、木造建築を地域で連帯して維持・保全する社会システムもあった。

意識はしていなかっただろうが、そこには、省資源、省エネに通じる循環型環境共生の街や建築、社会、暮らしをみることができる。

また、江戸のような大都市では、土蔵造りや塗屋造りの町家は防火建築にして永続性を求めていく一方で、「焼屋」

と呼ばれるような長屋の類は火災損失を前提としてつくられていた。

こうした割切りをみると、ＬＣＭを考えるうえでの与条件のひとつである「建築の耐用年数」をあらかじめ想定して、それに応じた建築の選択肢をもっていたように思われる。

しかし、戦後、日本はがらりと変わる。急激な都市化に伴って膨張する住宅・オフィス需要に応えるため、建物も都市も急ピッチでつくられた。急場しのぎでつくられた建物は短命で壊され、新しい建物に建替えられた。当時は地球の資源は無限と信じられていたし、高度経済成長もスクラップ＆ビルドに拍車をかけた。核家族化といった社会の変化や、相続税や減価償却などの制度もそれを後押しした。

こうして日本人からは建物を維持管理して長持ちさせる意識が薄れ、右肩上がりに価値が上がっていった土地に執着するようになり、「土地神話」を信仰するようになった。

◉──時間軸をもち、さまざまな角度から検討

今、なぜ、ＬＣＭが注目されているかといえば、まず、日本が欧米型の成熟経済に入ったことが挙げられる。土地神話が崩れて「収益の源泉は建物」という意識が芽生え、建物の資産価値を長く維持する意義や効用が見直されてきたことも大きい。「地球の資源は無限ではない」という認識も背景にあるだろう。

ＬＣＭの第一の目標は、建物がその存続期間を通して、経営的にも環境・社会面からも効用や機能を維持・向上させていくことだ。経営的視点からは機能性、利便性、耐久性、快適性、安全性（防犯・防災）、デザイン性、フレキシビリティ、メンテナビリティを高め、社会的視点からは省資源、省エネルギー、省労力、文化・歴史的価値の創造、都市空間への貢献などが目標として挙げられる。

第二は生涯コスト（ＬＣＣ）を削減することにある。ＬＣＭの対象範囲は多岐にわたるため、これらを調整して最

適な解をみつけるのは容易ではない。しかし、建物の企画・設計段階において、建物のライフサイクルから計画をトータルに検討し、事業全体を時間軸からも把握しておくことは、リスクマネジメントの点からもキャッシュフロー経営という面からも有効である。

具体的手法については本書の随所にヒントをちりばめたので、ここではＬＣＭの基本的な考え方をざっくりと理解していただければと思う。

※出典『建築のライフサイクル設計』（日本建築士会連合編）の大橋雄二氏（工学博士）によるＬＣＭの定義解説

04 建築費削減よりＬＣＣセーブへ

生涯コストからみれば、建築費は氷山の一角

建築コストの削減に血眼になるオーナーが増えているが、ここには大きな落とし穴がある。落とし穴にはまった例を紹介しよう。

Ａビルは、建築コスト削減のために外壁をタイルから吹付け塗装にした。その結果、頻繁に外壁塗装を繰り返すハメになり、メンテナンスコストが事業収支を圧迫している。

また、奇抜な外観で衆目を集めているＢビルは、清掃費や光熱費などのランニングコストが通常の二倍以上に達している。

最先端設備や特注品をふんだんに採用したＣビルも、設備の更新や修理のたびに通常の二〜三倍の費用がかかることが竣工後にわかり、オーナーは「大きな誤算」と嘆いている。

◉――建築費は生涯費用のわずか二五％にすぎない

このような誤算は珍しくない。原因はライフサイクルコスト（ＬＣＣ）の視点が抜け落ちていたところにある。

ＬＣＣとは、建築の企画・設計から運用期間を経て解体にいたるまでにかかる費用の総計、つまり生涯費用のことだ。ＬＣＣでみると、建設コストは全体の二五％、氷山の一角にすぎない。むしろ水面下にある運用段階の費用のほ

うがはるかに大きいのである（図1）。

しかし、これに気づかないオーナーがまだまだ多い。建設コストの削減も必要だが、前記のケースのように、それが水面下に隠れた氷山部分のコスト増をもたらすようなものならば、LCC削減にはまるで逆効果だ。目先にとらわれず、運用期間全体にわたってかかるコストに目を向けながら、快適性や機能性、安全性など建物の総合的な効用を高める設計を考えてほしい。

そのためにはLCCシミュレーションが欠かせない。企画・設計段階で、運用期間中のランニングコストやメンテナンスコストを下げる検討を行い、これを設計に反映させたい。

具体的には耐震・耐久性の高い構造、内外装や設備については標準品を基本とし、ゆとりをもたせて更新しやすい設計にしておくこと、さらに自然力を活用した省エネ型の設計や省エネ設備機器の採用などで消費エネルギーを低減するといった方法が挙げられる。

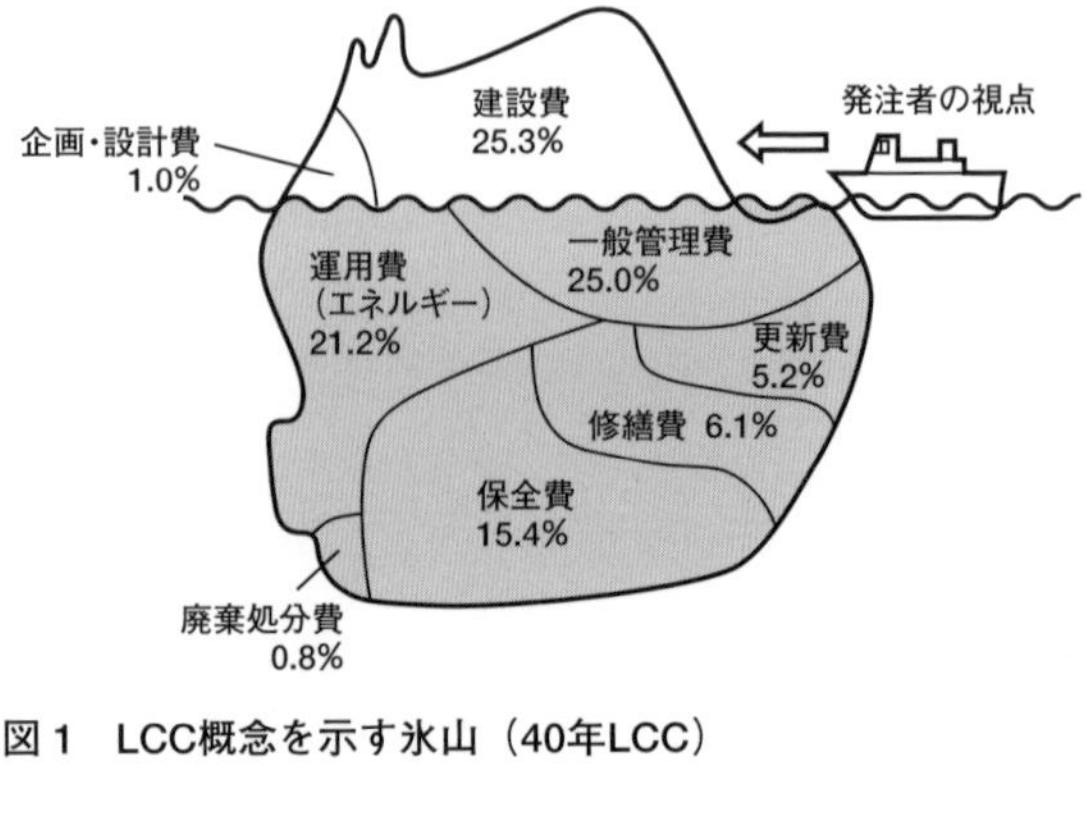

図1　LCC概念を示す氷山（40年LCC）

◉——LCCからコストセーブに挑戦

わかりやすくするために外装と空調に絞って、一〇〇年のLCCをケーススタディする（図2）。

ここからわかることは、ランニングコスト（運転コスト）の低減、すなわち省エネがコストセーブのカギを握っていることだ。

オフィスの一次エネルギー消費量（図3）をみると、照明・コンセント（内コンセントは九・三％）は全体の三三・三％であり、空調の搬送動力と熱源で四九・七％と全体の半分近いエネルギーを消費している。

　空調・衛生学会の指針によれば、建築的手法や熱源の省エネには限度があるが、「照明と搬送動力はそれぞれ五〇％カットすることが可能」という。消費エネルギー全体の五割弱を占めている照明と搬送動力の半分がカットでき

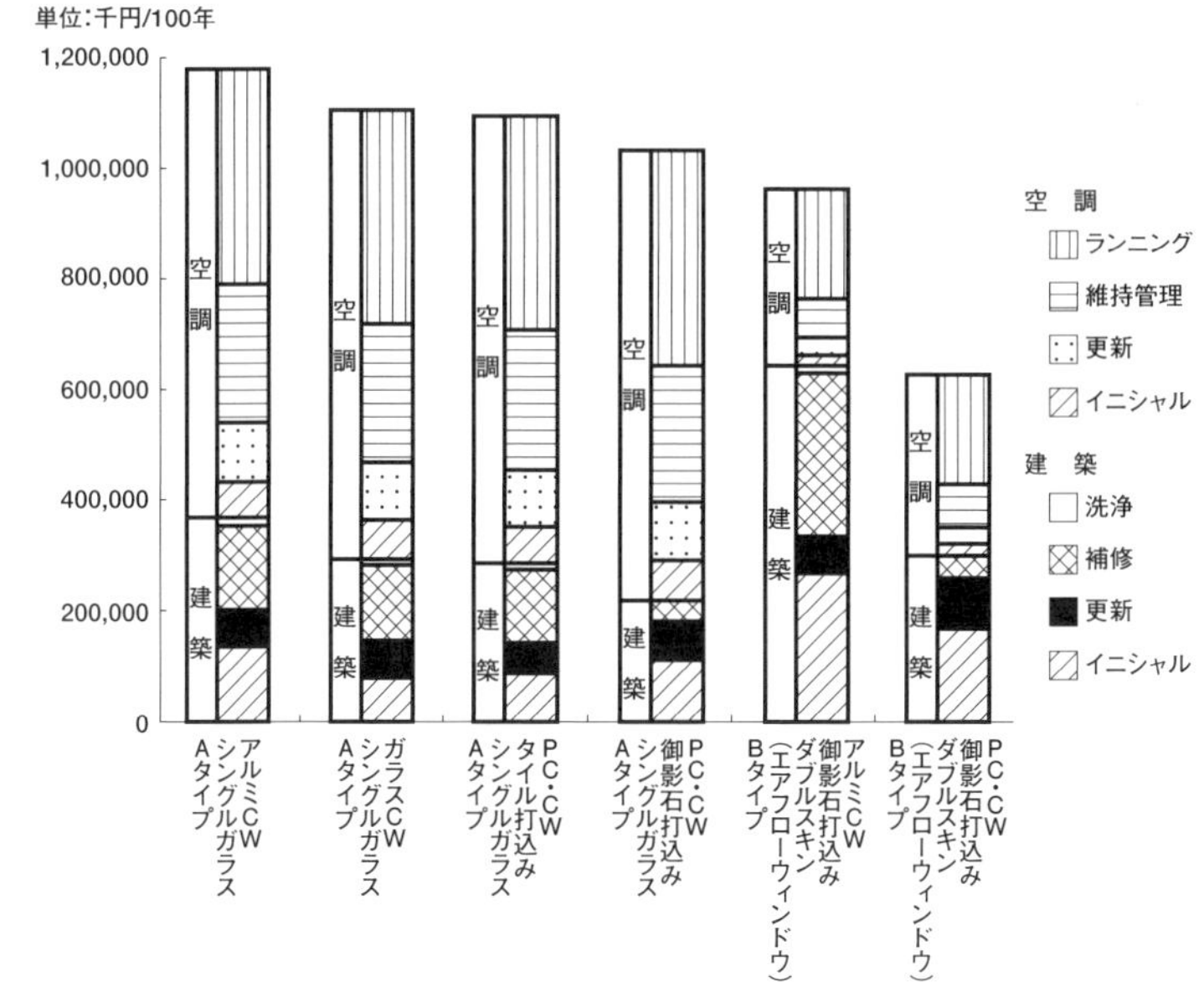

図2　外装（西面）とペリメータ空調のLCC（100年）

オフィスビルの外装と空調の組合わせで、100年のライフサイクルコストをスタディしたもの。Aタイプの空調は窓下の冷温水によるファンコイルユニット（耐用50年のステンレス管使用）、Bタイプの空調はエアフローウィンドウ（ダブルスキン内でリターン空気を通す）のもの、とした

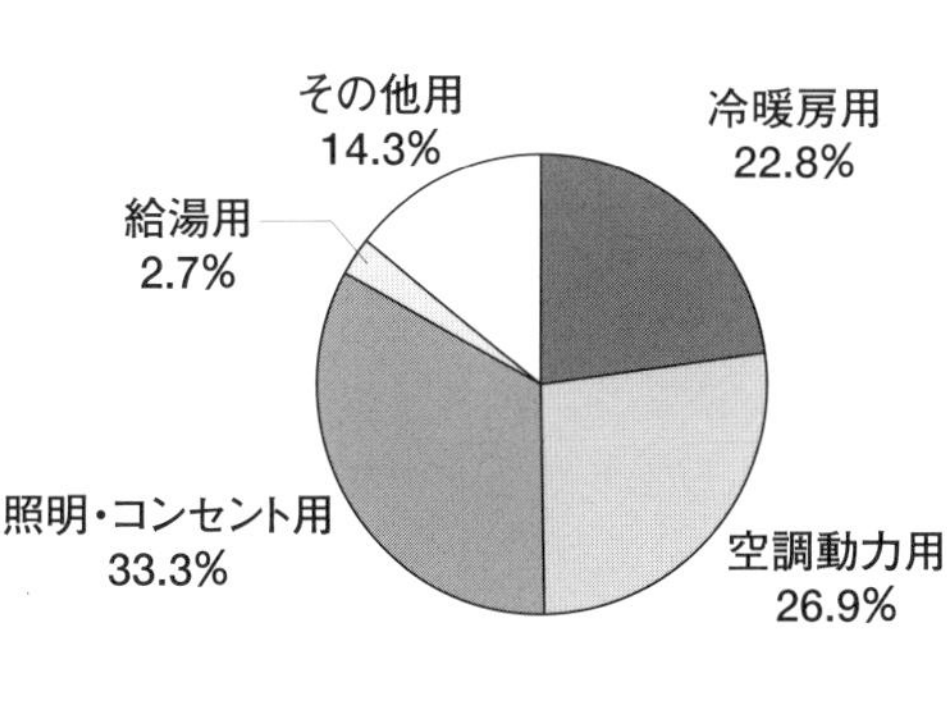

図3　事務所における年間エネルギー消費量の内訳

れば、全消費エネルギーの約二五％を削減できるわけである。

◉──イノベーションやコンバージョンで価値を高める

ＬＣＣの七五％を占める運用段階において、建物のもつ価値をたえず維持し、時にはその価値を向上させることも重要なＬＣＭ手法のひとつである。

建物は竣工後、日常のメンテナンス（点検・保守・修繕）で機能を維持しながら、時折、劣化した部分を初期性能まで引き上げる改修工事を実施して建物の価値を維持している。

しかし、社会の変化に対応した事業計画の変更や性能向上の要求に応じるためには、初期性能を向上させるイノベーション（改良）が必要になる。また、コンバージョン（用途変更）によって新しい価値を生み出す必要も出てくるだろう。

イノベーションやコンバージョンを容易に実施できるようにするためにも、初期の設計段階でＬＣＭの考え方を導入し、フレキシビリティをもった建物にしておくことが大切である。

05 メンテナビリティを高める

「無駄の取込み」と「無駄の排除」がカギ

メンテナビリティ（メンテナンスのしやすさ）が低いビルは、穴の開いたバケツのようなものだ。せっかく汲み上げた賃料収入も、バケツの穴から流れ出るランニングコストで相殺され、収益力は低下してしまう。建物のライフサイクルコスト（LCC　第04項参照）で捉えた場合、建設段階のイニシャルコストより運用段階でのコスト総計がはるかに大きい。運用段階でのコスト意識なしに、これからのビル経営は成功しない。

管理運営コスト削減には、設計段階でメンテナビリティに配慮しておくことがカギになる。設計段階における配慮が運営段階のコストを大きく左右するからだ。ここでは、長期にわたって社会的に陳腐化しないための「無駄の取込み」と、変化対応に伴う「無駄の排除」という二つの視点からメンテナビリティを考えてみよう。

◉――リスクを回避するための「無駄の取込み」

今までの例をみると、建物は物理的寿命より、社会的、経済的寿命で解体されることが多い。オフィスビルの社会的陳腐化や経済的な効率の低下を防ぐためには、空間や機能面でのゆとりある設計がポイントになる。

階高や天井高にゆとりがあれば、将来の設備更新や増設に備えた天井裏のダクトスペースが確保できるし、床荷重に余裕をみておけば、将来、ほかの用途に転用できる可能性も広がる。

しかし、目先の経済性ばかりを追求している現状では、こうした「ゆとり」は経済効率に反した「無駄」と捉えられてしまいがちだ。社会変化に対応するための有益な投資とみるか、単なる無駄と切り捨てるかは、事業主の経営センスや経営理念、それに先見性と想像力による。

たとえば、地震リスクに対する投資についても同じことがいえる。建物の寿命に比例して大地震に遭遇する可能性は高くなる。従来の設計は倒壊を防ぎ、人命を守ることに主眼が置かれていたが、たとえ倒壊を免れても、オフィス内の損害が大きく復旧に多大な時間やコストがかかれば、テナントの営業に支障が出る。テナントは、建物が倒壊しないだけでなく、企業活動をいち早く再開できることを望むだろう。

こうしたニーズに対応するために免震構造や制震構造の採用を検討したとしよう。初期投資額の増加を伴った場合、これを「無駄」として切り捨てるか、将来、地震によって企業活動が停止した場合の損失を最小化し、あるいは地震リスクを重視するテナントを誘致するための「有益な投資」とみるか…。これからのビル経営においてどちらを選択すべきかは賢明な読者には明らかであろう。

◉──機能更新などに伴うさまざまな「無駄」

ビルの運用段階では各々の設備・部材の更新時期を把握しておきたい。さもないと、設備機器の取替え工事のために、ペンキを塗り替えたばかりの壁に穴を開けるといった「無駄」が発生する。

設備と建築の更新時期を把握して、建築と設備を一体化・同周期化した修繕計画を立てておけば防げる無駄だ。ただし、機器の更新時期は、メーカーが性能を保証している期間と実態が異なる場合がある。運営データに基づいた更新計画が欠かせない。ファシリティマネジメントの専門家による実際のデータに基づいた無駄のない中長期修繕計画を立案してほしい。

◉──軽視できない「道連れ工事」や「特注」の無駄

機能更新時の道連れ工事も排除すべき「無駄」のひとつ。たとえば、オフィスの有効率を追求するあまり、設備の配管スペースを最小限で設計してしまい、「手前の配管を退かさないと奥の配管を修繕できない」といった無駄が発生した事例も少なくない。ひとつひとつは小さな無駄でも、合計すると無視できないコストアップにつながる。設計段階で十分に検討しておきたい部分だ。

部材についても、特注品でなく標準品を採用すれば、交換時にまた特注しなくてはならないような「無駄」が防げる。また、オフィス内装を仕上げて貸す場合でも、特注品の使用は極力避けて標準品のモジュールに基づいた設計にしておけば、無駄も少なく、レイアウトの可変性を高めることができる。

ただ、現状では、建築そのもののモジュールが、スプリンクラーの設置寸法や駐車場の柱間隔の寸法などの影響で三・三メートル、三・六メートルなどとバラバラであり、統一的な寸法になっていない。レイアウト変更や設備更新に伴う「無駄」を省くためには、住宅のセンチュリーハウジングシステムのような統一されたモジュールの確立が今後の課題のひとつである。

ロングライフビルのメンテナビリティを高めるためには、長い目でみて「有益な無駄」を積極的に取り込み、かつ、機能更新などに伴う「無意味な無駄」を排除するという相反する条件を満たす設計が必要になってくる。

◉──「コミッショニング」で手戻りや無駄を省く

無意味な無駄や手戻りを防いで要望どおりの建物を実現する手法として、米国で考えられた「コミッショニング」

という手法が注目されている。

コミッショニング（Cx）とは「発注者の要求どおりの建物が建設され、運用されているかを確認すること」と定義され、省エネルギー・室内環境向上・建物資産価値に関わる重要な検証のプロセスである。

(社)建設業協会が二〇〇二年に実施した海外調査によれば、米国の全建設プロジェクトの一五％程度がこのプロセスを導入しており、企画段階の発注者の要求条件の確立から建物竣工後の施設管理まで、一貫して品質検証を行うことで高い成果を上げているという。

具体的には、発注者の依頼を受けた第三者の立場のコミッショニング・オーソリティ（CxA）がコミッショニング・チームのサポートを受けながら、発注者の要求どおりの品質の建物を実現していく。コミッショニング・チームは発注者、設計者、エンジニア、施工者、施設管理者、使用者によって構成され、企画から運用までのプロセスでCxAを支援する。

米国におけるコミッショニングの要件には次のようなものがある。

1. 発注者の要求品質の具体化・明文化（ブリーフといわれる設計与条件調書）
2. 発注者の要求品質の設計図書への反映・充実
3. 発注者の要求品質どおりの建物の完成
4. 発注者の要求どおりの建物の運転・管理
5. 第三者が理解可能なコミッショニング・プロセスの文書化（建設・運用記録）
6. 発注者の信頼あるコミッショニング・オーソリティ（CxA）の選任
7. 建物関係者全員によるコミッショニング・チームの編成・運営

日本でも建設プロジェクトの初期段階からコミッショニング・オーソリティが参画する仕組みができれば、建築のプロセスを合理的かつ総合的に検証し、要求品質を達成できるものと期待されている。

コラム1

かなり斬新な間取りのマンションでも、部屋の広さに関しては平方メートル表示の後に「〇・〇畳」と表記されている。実際、部屋の広さは畳表示のほうが感覚的にわかりやすい。

オフィスも例外ではない。いまだに「坪」がまかり通っている。

◇TATAMI再考【その1】

畳は究極のモジュール

「坪」は日本在住の外国人の間にもかなり浸透しており、英語の不動産情報紙（誌）などにも「ONE TSUBO＝TWO TATAMI MATS＝$3.3m^2$＝$35.58f^2$」などと解説されている。特に米国人にはフィートと尺がほとんど同一サイズのせいもあって、俗に「SIX BY SIX（6フィート×6フィート）」といういい方もあるように、一坪のスケール感が理解されやすい。さて、この「TWO TATAMI MATS」の畳は、戦前まで家財道具として引越しごとに持ち歩くことが当たり前だったという。

内法を基準にして家が建てられていたから、どこに持っていっても六畳なら六畳、八畳なら八畳、ピタリと納まった（京間、田舎間など地域による違いはあったが）。

この畳割りという日本の建築作法こそ、インテリアモジュールの原点ともいうべきものだ。実に合理的でありながら、敷き方ひとつに吉凶の思想や礼法まで加味して、さまざまなヴァリエーションを生んだのである。

日本建築はこの基準に則って、床の間や欄間、建具までモジュール化、ユニット化されてきた。こうした完成度の高いシステムを生んだ日本人の知恵を、現代のオフィス建築にも甦らせたいものだ。

06 「時」を味方にする素材やデザイン

「アンチエイジング」から「サクセスフルエイジング」へ

オフィスビルも商品である以上、「見た目」も重要。ましてロングライフビルを目指すなら、外見上もまた長く魅力を保つものであってほしい。

建物には時を経て魅力を増すものと、薄汚れてみすぼらしくなるものがある。「建物の取壊しに関する調査研究」によれば、解体の理由に「建物の汚れが目立つ」「壁・柱にひび割れなどの老朽化が目立つ」などが挙げられている。汚れは建物寿命を左右する要素なのである。

一般的に建物の汚れは周囲の環境や仕様、形態、ディテール、維持管理状況などの要素が複雑に絡み合っていて、設計時点では完成後の汚れ具合まで予測することは難しい。しかし、諦めることはない。「汚れ」を味方にする方法がある。

◉——汚れにくい建物をつくる工夫

建物の汚れの原因は大気中の汚染物質の量に影響される。また、雨水に含まれた大気中の塵埃などが、水分が蒸発して建物壁面の汚れとなって残る。こうした汚れは避けられないが、同じ建物でも場所や高さによって汚れ具合は異なり、汚れやすい建物形状や場所がある。事前にそれを知っていれば、汚れにくい建物をつくることができる。

たとえば、斜め壁は垂直な壁と比較すると塵埃が溜まりやすい。しかも溜まった塵埃が雨に流されて垂直面との接続部まで汚れてしまうことが多い。斜め壁にする場合は汚れの目立たない仕上げ材を使い、垂直面との間には樋を設けて縁を切り、水切りをとり、雨水が垂直面に流れないディテールにするとよい。斜め壁は掃除がしにくいため、事前に清掃方法まで検討しておく必要がある。

窓の下も、窓ガラスなどに付着した塵埃が雨で外壁に伝って汚れやすい部分だ。水切りなどをとって汚れた雨水が外壁面に流れないようにしておきたい。

また、タイルやガラス、金属パネル、シーリングなどの仕上げ材のなかには、表面の光沢や反射などによって汚れが目立つものがある。施工した状態で汚れの目立たない色調やパターンを選びたい。近代的なビルでは装飾を排除した表現を追求する傾向が強いが、それがかえって汚れを目立たせるという皮肉な結果を招いている。

◉——汚れを味方につける素材とデザイン

「古色蒼然」という表現があるように、歳月を経て魅力を増す建物がある。歳月や汚れさえ味方にする建物には次のような工夫がある。

たとえば、汚れが一様についていくポーラス（多孔性）な仕上げ材や、表面に凹凸のあるタイル、レンガ、石などを外壁に使うとよい。色に濃淡をつけた模様やタイルのまだら模様、暗い色調も汚れを目立たせない。窓枠の出を大きくとって外壁に陰影をつけ、汚れを目立たなくしたり、汚れを部分的に集中させて、雨がかり部分だけをしっとり黒ずんだ表現にするといったデザイン処理もある。

また、「わびさび」にみられるように、日本には汚れを美学として追求した独特の世界がある。

竜安寺の石庭の緊張感は背景の歳月を経た塀があってこそのもので、これが真っ白な塀であったら空間の印象はまったく違うものになっているだろう。汚れが歳月の証として、空間に独特なニュアンスをもたらしている例である。日本家屋の銅板屋根も、時を経るにつれて緑色に変色して魅力を増していく素材のひとつだ。

●──汚れを防ぐ超親水性の新素材

汚れ防止のために超親水性の材料が開発され、多様な場所で使われている。

従来の材料は水になじむものは油をはじき、油になじむものは水をはじくのが普通だった。ところが「超親水性」の材料は、材料の表面全体に水の膜をつくり出し、油や汚れがついてもその下に水が入り込んで洗い流してくれる性質をもつ。水滴をつくらないため、雨水の蒸発跡も残さない。

この仕組みは紫外線が当たると光触媒効果が働き、汚れの付着力が弱まり、さらにガラス表面に水の膜をつくり出すというものである。雨水によって自然に汚れが落ちるため、簡単な水洗い程度で常に美しい状態を保つことができる。いわばセルフクリーニングができる材料であり、このほかにも「くもり防止」などの性質がある。

こうした超親水性の性質をタイルやガラスの表面に付着する技術が開発されており、耐久性が保証されれば建物の領域でもより広い範囲に活用できる。

●──建築はサクセスフルエイジングで

ロングライフビルを実現するうえで、汚れの問題は避けて通れない課題のひとつだ。

汚れを味方にする「エイジング型の建物」か、超親水性素材による「汚れと無縁な建物」か……。「汚れ」という永遠の課題を解決する選択肢が広がっている。

一方、美容界では今「アンチエイジング」という言葉がもてはやされている。これは、年齢を重ねるにつれてみられる容姿や体力、気力の衰えに対抗しようというさまざまな取組みを表現した言葉であり、健康食品やエステでよく使われている。

しかし、エイジング（老化）は避けて通れるものではない。歳をとっても二〇代のままというのも奇妙なものだ。それよりもむしろ年齢に応じた魅力を目指したほうが自然ではないだろうか。

若いうちからＱＯＬ（Quality of Life：生活の質）を高く保ちながら、美しく歳を重ねていくサクセスフルエイジング（成功加齢）の考え方を建物にも取り入れたい。

07 スケルトン・インフィルの設計思想

陳腐化という「静かな破壊」からビルを守る

スケルトン・インフィル（S・I）は、ロングライフビルに欠かせない設計思想である。長寿命の構造体（スケルトン）と、設備や内装など（インフィル）を切り離して設計する考え方で、将来のリニューアルや用途変更にも対応しやすく、中・長期的に建物のフレキシビリティを維持することができる。

たとえば、店舗は基本的に仕上げをしていない粗壁状態で引き渡し、利用者が目的の内装や設備を追加するスケルトン貸しである。蕎麦屋と喫茶店では設備や内装はまったく異なるため、この方法のほうがフレキシビリティが高く、合理的である。

米国ではこの手法がオフィスにも用いられており、「コア&シェル」と呼ばれている。ビルディング・アーキテクト（建築家）が構造や外観デザイン、基本設備、ロビーやコア部分を設計し、インテリア・アーキテクト（デザイナー）が内部空間のレイアウトやインテリアを設計する。こうした方法で個性的でクオリティの高いオフィスが数多く創り出されている。

◉──標準内装は空間のフレキシビリティを阻害する

これと対称的なのが日本の賃貸オフィスである。

建築家が床から壁、天井、照明にいたるまで一体で設計し、そのまま施工されている。利用者がわからないまま仕上げるため、万人向けの無難な色や材質が使われることが多い。

テナントが個性を発揮したクオリティの高いオフィス空間をつくりたい場合や、受付や応接室などを美しくしつらえたい場合は、自己負担で新品の標準内装を撤去し、新たな内装を施さなければならない。日本のインテリア・アーキテクトの多くが、壊すことから始めなければならない空しさを感じている。また、この方法が「未使用廃棄物」を生み出す要因ともなっている。

現状では標準内装の撤去費用もかなりな額にのぼることから、オフィス空間に対するこだわりが薄い日本企業は標準内装のまま使うことが多い。その結果、ワーカーは画一的でクオリティが低いオフィスに甘んじることになる。

経済成長期、日本企業は増え続ける人員に合わせてオフィス移転を繰り返してきた。そうした時代には標準内装システムは確かに手軽で便利な仕組みだったが、一方でオフィス空間の美しさや心地よさ、空間の魅力といった人間にとって重要な感性を押し殺してきた原因となっている。

◉──S・I思想は「建替えられない時代」の切り札

S・Iの設計思想の真骨頂は、将来のリニューアルや建物の機能更新、用途変更までも視野に入れ、建物の長寿命化を実現することである。今後到来する「建替えられない時代」を乗り切る切り札といえるだろう。

ヨーロッパでは、建物の外観は〝古い街並みのよさ〟を保ちながら、内部空間は時代の変化に合わせてつくり替えられてきた。「地震国ニッポン」でそれが実現できるようになった背景には、耐震・制振・免震などの技術の進歩がある。しかし、一方では旧耐震構造の建物も数多く残っており、今も地震という「瞬時の破壊」リスクに晒されている。

また、S・Iでつくられていない建物は、陳腐化という「静かな破壊」に晒されている。

……設備の更新コスト、コンピュータの進化が要求する空調や電気容量などの更新コスト、あるいはコンクリートに埋め込まれた給排水管に代表されるように、寿命が違う設備や内装が一体設計されていたり、天井高が低いために機能更新や用途変更が難しく、建物の陳腐化を助長している。

マクロな視点で眺めれば、「中心市街地活性化法」の成立にみられるように、立地の変化がエリア全体を「静かな破壊」に追いやっている。

◉──陳腐化リスクを回避するために

「建替えられない時代」のオフィスビルは、設計時点で陳腐化リスクと対峙しなければならない。階高にゆとりをとるなどの先行投資が必要な部分もあるが、知恵と工夫でカバーできる部分も多い。スケルトン・インフィルの技術的な仕掛けは別項に委ねるとして、投資という側面からみると「最初から無駄な投資はしない」という考え方も必要だ。

たとえば、「投資額を回収する前に陳腐化する恐れがある部分は自ら投資しない」、その投資が避けられない場合も「陳腐化の恐れがある部分を更新しやすくしておき、次の投資を最小限に抑える」というように、設備や装備のスペックを決める際の慎重さが求められる。

「最初から役に立たない部分に投資しない」といった、一見当たり前のことが行われていないケースは枚挙にいとまがない。代表例はコンピュータに関連する設備であり、「余計なお世話」となるカーペットであり、照明やインテリアである。こうした変化が激しい設備や、個（別）性が強調される部分は利用者に委ねるほうが得策である。

供給側はこれまで〝万人向けの無難なレベルを一括施工でコストを落とす〟ことに邁進してきた。しかし、利用者に我慢を強い、選択肢を与えない愚行であり、終止符を打つべきだろう。使い手がつくり手に望むことは、選択肢と自由度であり、S・Iの設計思想をベースにしたコストダウンの知恵と工夫ではないだろうか。

ちなみに、この分野の技術や仕組みの開発では、森ビルの「クオータースケルトン貸し」がある。日本最大のオフィスビル「六本木ヒルズ森タワー」でも採用され、二一世紀型オフィス内装の魁として注目されている（第52項参照）。開発のヒントは「変わる部分と変わらない部分を切り分けるというスケルトン・インフィルを、建物の内装の部分でできないだろうか」という疑問符であったという。

08 進化するオフィスの天井

進化の流れとグリッド天井の行方

私たちのいつものオフィスで、小さな穴が不規則に開いた白い天井をみたことがあると思う。それが岩綿吸音板である。安価で施工も容易、吸音効果にも優れ、部分的な改修や補強もできる。しかも石膏ボードに張り付ければ切れ目のない一枚板の質感もある。まさに天井材にはうってつけの材料だ。

岩綿吸音板は、長い間、オフィスビルのシステム天井にも使われてきた。「この材料があったために日本の天井材の進化が遅れた」とさえいわれるほど、優れた天井材だったのだ。「環境」という二文字が声高に叫ばれるまでは……。

地球の資源確保の観点から、再使用しにくい材料はできるだけ使わないという時代になり、岩綿吸音板以外の材料を探す機運が一気に高まっているが、決定版はまだない。

◉——システム天井の進化と退化

工期を短縮する必要から、現場作業を少なくしたシステム天井が生まれた。天井内の下組みから手間を省くため、T型のアルミの材料を平行に流して照明器具や空調の吹出し口を置き、大きな短冊型の岩綿吸音板を置けば天井が出来上がり、天井板はどこでも外すことができる。

このシステム天井は照明器具がライン状に並ぶことから「ライン天井」と呼ばれた。ライン天井はつくり手の都合から誕生したものだが、後に耐震性を高めるために天井板が外れないものになり、使い勝手は退化した。

オフィスの照度が五〇〇ルクス時代は、三・二メートルグリッドに照明ラインが一本だったが、その後、照明器具を四本「ロ」の字型に組むシステム天井が登場。見た目は美しいが、グリッドの中心に照明器具があるため、グリッド中心部に間仕切りは設置できない。「想定グリッド以外の間仕切り設置はお断り」という貸し手の論理と、格好いい天井を願う設計者の論理から生まれた方式といえるだろう。

使い手の立場に立った設計者は、グリッドに照明ラインを二本入れた「ニ」の字の照明方式を採用する。想定グリッドの半分の位置に間仕切りができ、会議室や応接室の平面プロポーションを使いやすい一対一・五とすることができるからだ。

◉──使い手の論理を取り入れたグリッド天井

バブル期以前のグリッドは三・二メートルだったが、空間を広く使いたいというニーズから、バブル期以降の大型ビルでは三・六メートルグリッドが主流となった。スプリンクラーの警戒域基準も広くなり、時期を同じくして小型で高性能な蛍光灯が開発された。

これに伴って、三・六メートルを六分割した六〇〇ミリ角の天井ユニット「グリッド天井」が開発された。ラインは六〇〇ミリ角で格子状に組まれ、その上に照明器具や空調吹出し口や六〇〇ミリ角の天井板を置く。グリッド天井は日本的で繊細な納まりで、新開発の小型蛍光灯照明器具とともに日本人の心を捉えた。コストは別として、ライン照明の弱点をすべてカバーしたものといえよう。

さまざまな角度から、グリッド天井をチェックしてみたい。

・耐震性：六〇〇ミリのラインが格子状に組まれており、耐震性能に優れている
・照明システムの性能：床面の照度はライン照明より均一
・オフィスの自由度：六〇〇ミリ角のライン上に間仕切りを設置できる。照明器具や空調吹出し口のユニットも他のグリッドへ簡単に移し変えられ、天井板も着脱可能
・天井材の自由度：インテリアの意匠や求められる空間の機能に応じて「岩綿吸音板」「吸音性能のある不燃ボード」「パンチングメタル板」「グラスウールボード」などから選定できる
・照明器具へのアタッチメント：光を制御するアタッチメントオプションがあり、簡単に設置できる。インバーターの交換やランプの増灯も容易
・環境配慮：取り外して保管できる等の特性から廃材が少ない。内装工事の変更も設備ユニットの交換工事ですむ。接着剤を使わない、騒音が少ないという面でも優れている
・オーナーメリット：工期短縮が可能。メンテナビリティが高く、ライフサイクルコストを削減できる

◉──天井のさらなる進化に向けて

多くの利点をもつグリッド天井だが、さらなる進化に向けて、次のような開発、改良が望まれる。

・寸法や納まりの基準を統一し、ユニットをリースで使い回せる仕組み
・高性能の空気清浄機やグリッド内に納まる小型空調機など、機器の開発
・岩綿吸音板に代わる天井材の開発。パンチングメタル材は吸音性とリサイクル性に優れているが、価格がネック。

グラスウールボードが今後の有望株

・倉庫や機械室など天井パネルが不要な空間用として「美しいグリッド材」の開発

・三・二グリッドへの対応。たとえば六〇〇ミリ角のグリッドに加え、六〇〇ミリ×四〇〇ミリの格子材と天井材を設定して組み合わせる等

・グリッドを設置し、天井材を貼る前に竣工検査が完了できる仕組み。実現すれば標準内装の未使用廃棄なども抑えられ、環境面の効果は大

09 耐震技術と建築基準法の問題点

人命だけでなく、建物資産の担保を

一九九九年六月、建築基準法が性能目標設計を目的とした規定に改正された。性能規定化は、ＷＴＯ（世界貿易機構）の規定によって、ＩＳＯに規定される性能規定に基づく義務が課せられたことが大きい。「日本システム」から「グローバルシステム」へ移行する流れの一環といえよう。

従来の建築基準法は仕様規定的な色合いが強く、国が具体的な設計方法から品質、工事の方法にいたるまで規制してきた。しかし、一方では「ザル法」と揶揄されるように、それらの検証がなされないまま建設を許可していたという矛盾も指摘されている。

二〇〇五年末には建築基準法の信頼を揺るがす「耐震偽装事件」が起こった。一級建築士が構造計算書を偽装した事件である。もともと構造計算は構造設計結果の構造物の数値的検証であり、国の規定の照合に使われるもの。それをこともあろうに構造躯体の資材の使用数量を低減する手段としたのだ。

◉──耐震設計を規定した「二段階設計」の盲点

建築基準法では、建築物の耐震安全検証の方法は「許容応力に基づく方法」「限界耐力法」および「時刻歴応答による方法」が規定されており、「二段階設計」がこの三つの方法に適用されている。

「一次設計レベル」は、建物存在期間中に数度受ける可能性のあるレベルの地震に対して被害のないことを設計目標とし、「二次設計レベル」は、建物存在期間中に発生するかしないかのレベルの地震に対して、人命を損なうような建物の倒壊が起きないこと（建物塑性変形は許容）を設計目標として規定している。

ただし、一次設計レベルを超えた地震に対して、事実上、損傷を許容していながら、その程度に対してはなにも規定していない。法規の目的は安全で健康的な国民の生活維持だが、地震による損失に対して、国の補償や国の定める保険すらないのが、地震国・日本の現状だ。

現実に一九九五年の阪神・淡路大震災の損失額は一〇兆円を超え、そのうち個人の損失資産は五兆八〇〇〇億円に達している。復興資金では焼け石に水である（表1、図1参照）。人命のみならず、建物資産を守ることの重要性はいうまでもない。「地震による損失を極小化するにはどうしたらよいか」「復旧するコストをどうカバーするか」という視点が欠けている。

◉——リスクマネジメントの視点が必要

地震は、地球内部のマグマの対流によって地球の表面を覆っている十数枚のプレートが移動することで引き起こされる地球の営みである。地震を引き起こすメカニズムはわかっても、いつどこでどのくらいの規模の地震が発生するかはいまだに予測がつかない。

建築基準法は「確率を導入すると判断に幅

■人的被害	
死者	6,430人
行方不明者	3人
負傷者	43,188人
■家屋被害	
全壊	93,181戸
半壊	108,439戸
一部損傷	230,299戸
■非家屋被害	
公共建物の損害	855棟
その他	3,984棟
■その他の被害	
道路	10,060カ所
橋梁	320カ所
河川	430カ所
崖崩れ	378カ所
水道断水	130万戸
ガス供給停止	86万戸
停電	260万戸
電話不通	30万回線

表1　阪神・淡路大震災被害

が出てしまい、可か否かが曖昧になる」という理由で、確率的地震動予測を取り込めない。

しかし、阪神・淡路大震災後、「地震調査研究推進本部」が設置された。五年にわたる成果として日本各地の断層調査から確率的地震強度の推定がなされ、「全国を概観した地震動予測地図」を公表している。この予測は確率論に基づくもので、日本全国を細分化したマイクロゾーン（細分化区域）に対して地震動予測がされている。少なくともこれによって本来の性能目標設計を法の枠内で定める環境が整備された。限界耐力設計法が確率論を取り込んだ性能目標設計に移行することが可能になったわけである。今後、この成果を積極的に法に反映させてゆくべきであろう。

また、地震動予測は政府が研究調査したので、性能に基づく安全確認は個々の私的公的機関の判断に委ねられることになる。

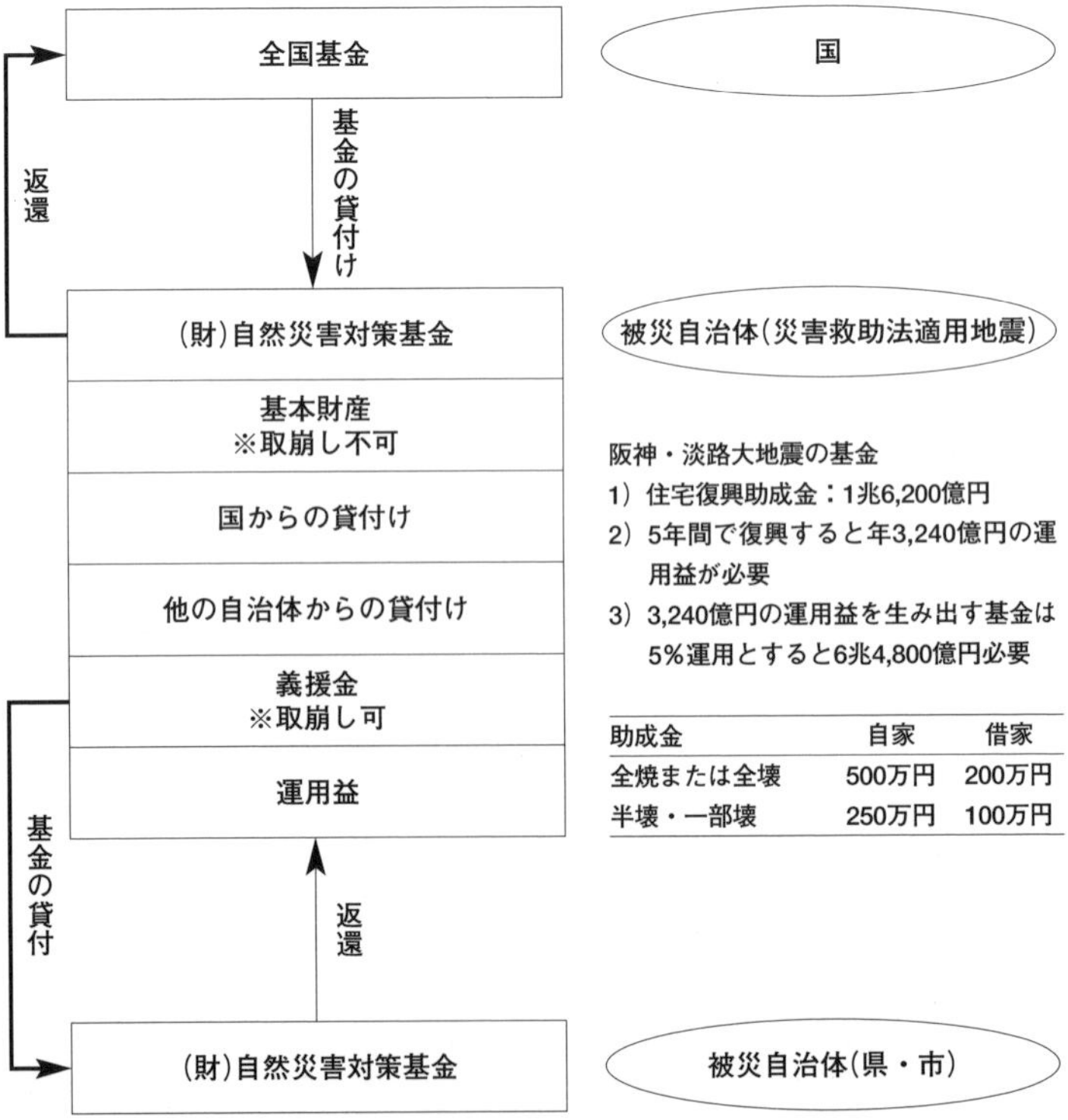

図1　自然災害に対する国民的補償制度[*1]

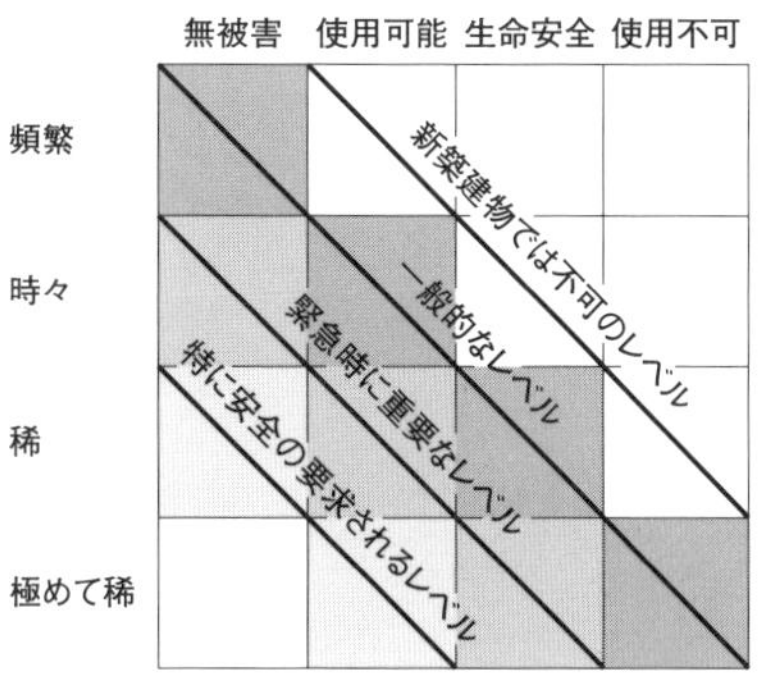

図2 性能目標設計とリスクマネジメント
縦軸は地震の大きさを頻度で表しており、下にいくほど地震の大きさは大きくなる。
横軸は建物の被害の程度を表し、右へいくほど被害が増大する。

ただし、性能目標設計はあくまでも確率的判断であり、保険の考え方とリンクさせる必要がある（ちなみに保険は確率に基づき取引する）。

リスクマネジメントは、あくまでもリスクファイナンスとリスクコントロール（保険と設計）の調和を求めるものだ。性能目標として国が最低基準を定め、法人格の自己責任にする方法がよいだろう。

また、リスクマネジメントの視点でみれば、一次設計レベルから二次設計レベルまでの中間領域の地震の発生頻度が高い。地震リスクは連続量で評価すべきであり、損失可能性が最大となる状態に対して（つまり中間領域の地震に対して）、補修費を最小にする設計が理にかなっている。

◉——地震リスクを最小にするさまざまな手法

では、具体的にはどんな方法があるだろうか。

ひとつの方法として、「損傷制御設計」[※2]がある。これは地震による建物の損傷度を制御する耐震構造設計の一手法である。地震で損傷を受ける部位と無損傷部位に分け、大地震に対しても制振部材を

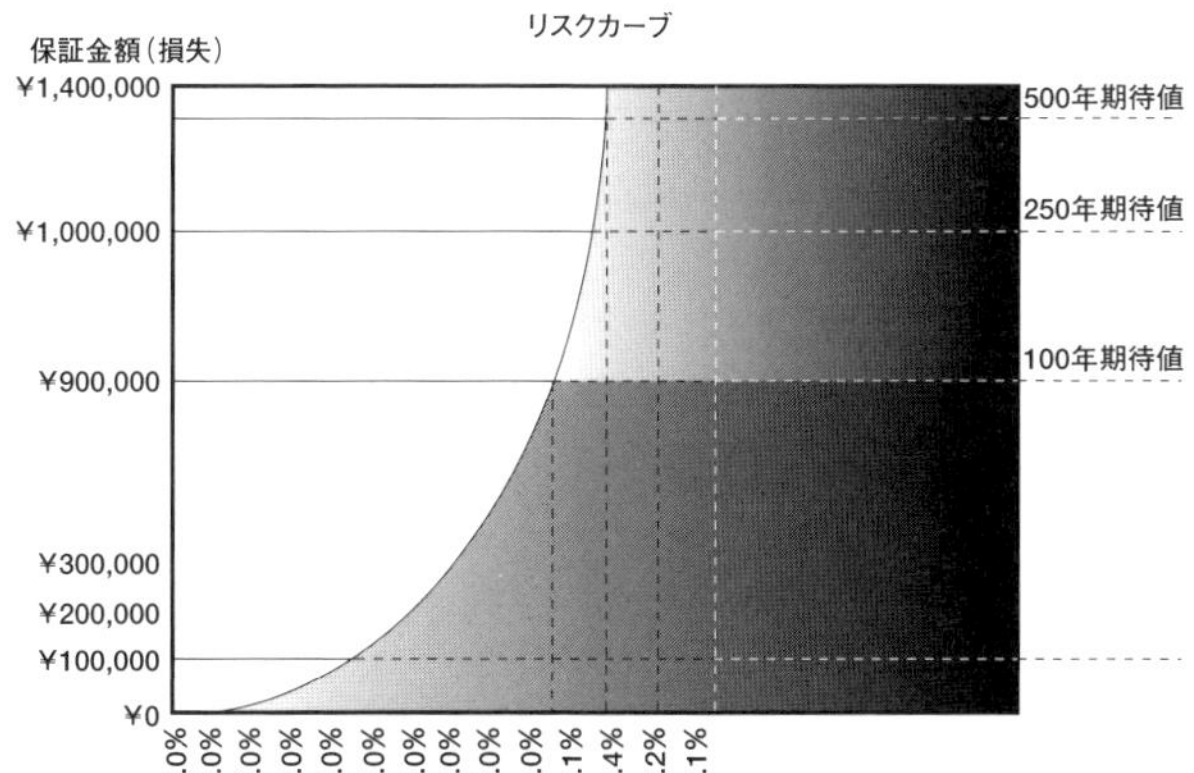

図3 地震損害と補償費用
リスクカーブ：損害額が巨大になっても発生確率が低いと保険料は安くなる。大災害地震についても同様のことがいえる

塑性変形させることで地震エネルギーを吸収して主構造を守るというものだ。震災後、損傷部材を取り替えるだけで建物の再使用ができるため、復旧コストも少なくてすむ。

また、最近では人間に対する「ヘルスモニター」が、建物や機械にも実施されるようになっている。これは構造物の変動に対し、さまざまなセンサーを設置して継続的にモニターし、危険領域にある場合、対策を実行するというものだ。たとえば、震度五強以上の地震を受けた場合の累積損傷をモニターして損傷部位を交換する、というように……。

現状ではこうしたヘルスモニタリングとアクティブ制震が理想的な耐震構造であり、次世代ビルにふさわしい方法といえる。

※1『地震による世帯の経済被害に関する研究』損害保険料率算定会
※2『建築物の損傷制御設計』和田章、岩田衛、川合廣樹、安部重存、清水敬三共著、丸善株式会社刊

コラム2

ほとんどのオフィスが「アウトサイドイン」の手法で設計されている。つまり、柱のグリッドを決め、シェルを被せ、コアを設計する。その「結果」としてインテリアスペースが形づくられている。外側から内部空間が規定されているわけだ。

そのためにペリメータ側とコアウォール側に設備や構造のしわ寄せがきてしまい、畳割りのインテリアモジュールはほとんど成立しない。これではオフィスをプランニングする際の基本となるスペーススタンダードは成り立たない。

◇TATAMI再考【その2】
オフィスにも畳割りを

あるテナントのオフィスには七〇の個室が必要だったが、これをシステム天井のモジュールに合わせてプランニングすると、個室の形と広さのパターンがなんと二一種類にもなってしまった。

スペース効率の悪い部屋に合わせて家具の標準化を図るか、二一パターンごとに家具のサイズを調整して使い勝手を優先するかのどちらかになる。

前者の場合は最小の家具サイズに揃えることになるし、後者の場合はサイズがまちまちになり、コスト面でも将来の使い回しという点からも弊害が多い。

こうした不合理を回避するには、戦前の日本家屋のように畳割りという建築作法に則って、「内法」を基準として建物を設計する手法、つまり「インサイドアウトの手法でビルを設計する」という新しい視点が必要である。

変化対応力の高いオフィス空間が求められる時代、どなたか「インサイドアウト」のビル設計にトライしてみませんか？

10 構造設計で建物の寿命が決まる

制震、免震で地震エネルギーを抑え、修復の時間とコストを低減

ビルのロングライフ化にとってもっとも重要な点は、用途変更に対応したフレキシブルな空間の確保である。その条件を左右するキーポイントとなるのがビルの構造だ。

地震国・日本において建物の安全性確保は基本中の基本だが、これまでの一般的な構造設計では、「建物の耐震性」と「空間のフレキシビリティ」が両立しなかった。

従来の構造設計では、大きな空間と高い天井高をもつフレキシビリティの高い空間を確保するためには柱を太く、梁を大きくせざるを得ない。結果的に必要な鋼材量は増え、建設コストは高くなる。さらに耐震壁や耐震ブレースが効率的な設備の設置を阻害してしまう。

◉──制震、免震構造で損傷そのものを少なくする

しかし、建物の揺れ自体を抑える制震構造や免震構造の登場で、こうした二律背反する問題が解決できるようになった。

メリットはそれだけではない。地震による損傷も少なくできる。

地震による建物の損傷を修復するには多大の費用と時間がかかる。ビルオーナーや投資家、入居企業にとって、損

傷をいかに少なくするか、損傷を受けた箇所の修復費用と時間をいかに少なくするかは非常に重要な問題である。

超高層ビルではこれらの問題を解決するために、制震、免震といった構造システムを使い、地震のエネルギーを低減させる方法をとっている。

たとえば「丸ビル」では損傷制御の視点から、五重塔の芯柱の理論を応用した耐震シャフトを採用した。その後、つくられた「三菱信託UFJ本店ビル」や「丸の内北口ビル」「東京ビルディング」では制震ダンパーを使用し、ハイレベルな耐震性能を確保している。

いずれの場合も、ビルの形状や、目的に応じた耐震、制震システムを適切に使うことで、機能的かつ経済的な設計を行っている。

◉──建設費のわずかなアップで耐震性は大きく高まる

これらのビルの鋼材量は、一般的な構造設計でつくられたビルより一〇%多い約七〇〇キログラム／坪だが、耐震性は一・五倍である。構造関連の費用が全建設費の三〇%程度とすると、耐震性をアップさせるための建設費の増加はわずか三%程度にすぎない。つまり、イニシャルコストには大きな差はないのだ。

しかも、ビルのライフサイクルという長期的観点からみた場合、経済的利益ははかりしれない。こうした構造にしておくことで、将来必ず起きる使い方の変更や設備更新も容易になり、大地震によって損傷を受け

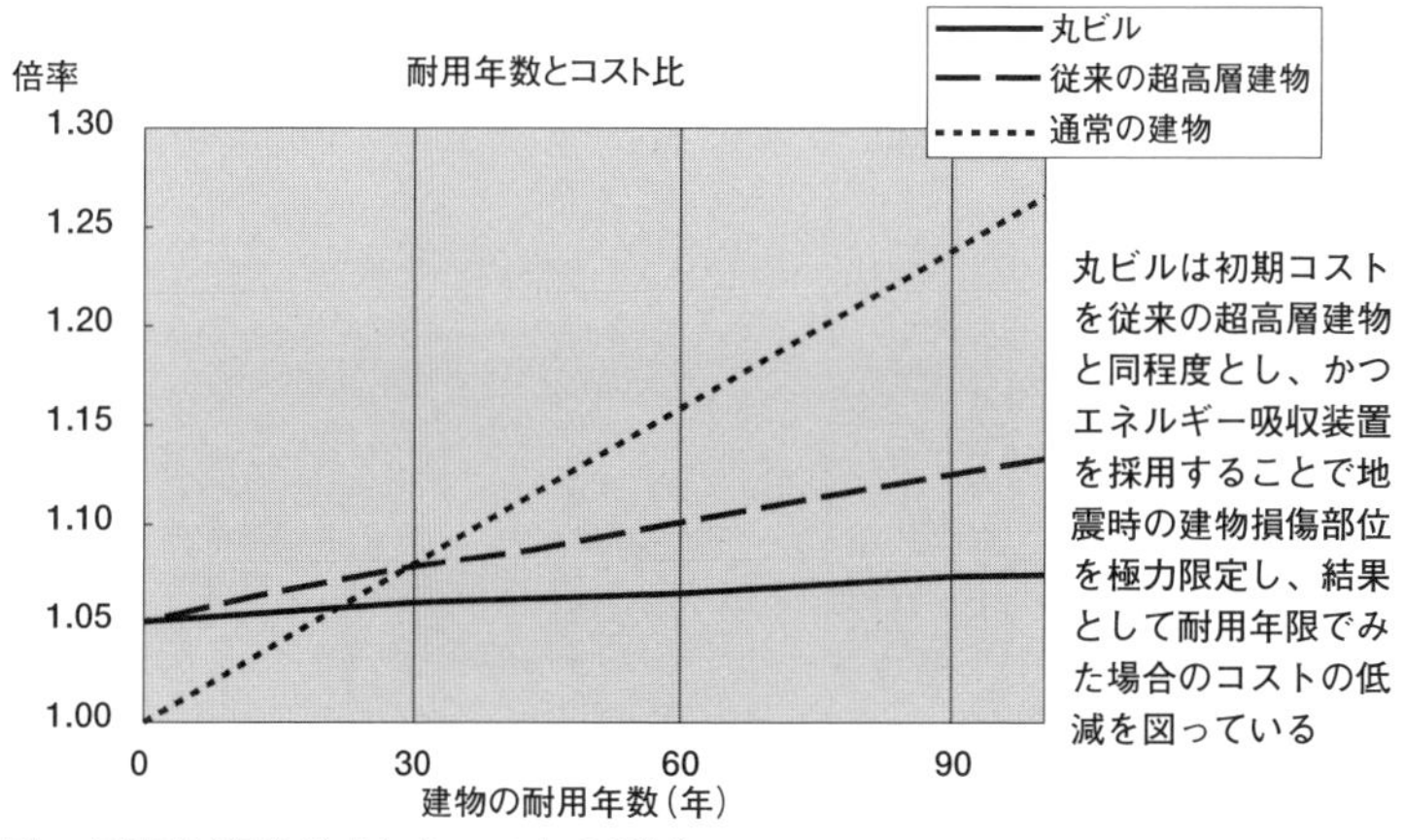

図1　耐用年限を考慮したコストの低減

たとしても、耐震シャフトや制震ダンパーの損傷部の部品のみ交換することでビルを継続的に使用することができる。

図1は、こうした構造システムを採用した超高層ビルの経済効果である。

一般的に、超高層建物の構造のイニシャルコストは通常の建物に比べて数％高い。しかし、耐震性が二〇％～三〇％アップするので、一〇〇年間の地震被災による補修費は通常の建物に比べ、数分の一程度に収まる。

さらに制震装置を採用すれば、地震による損傷部位を限定することができるので、一〇〇年間の地震被災による補修費は通常の超高層建物の数分の一となる。

卑近ないい方をすれば、「十分にもとがとれる」ということだ。

ロングライフビルを目指すなら、耐震性能の向上と、ビルのフレキシビリティや設備の適正配置、メンテナビリティを両立させるために、こうした構造システムを個々のビルに合わせて効果的に応用することが「もっともお得」なことがおわかりになったと思う。

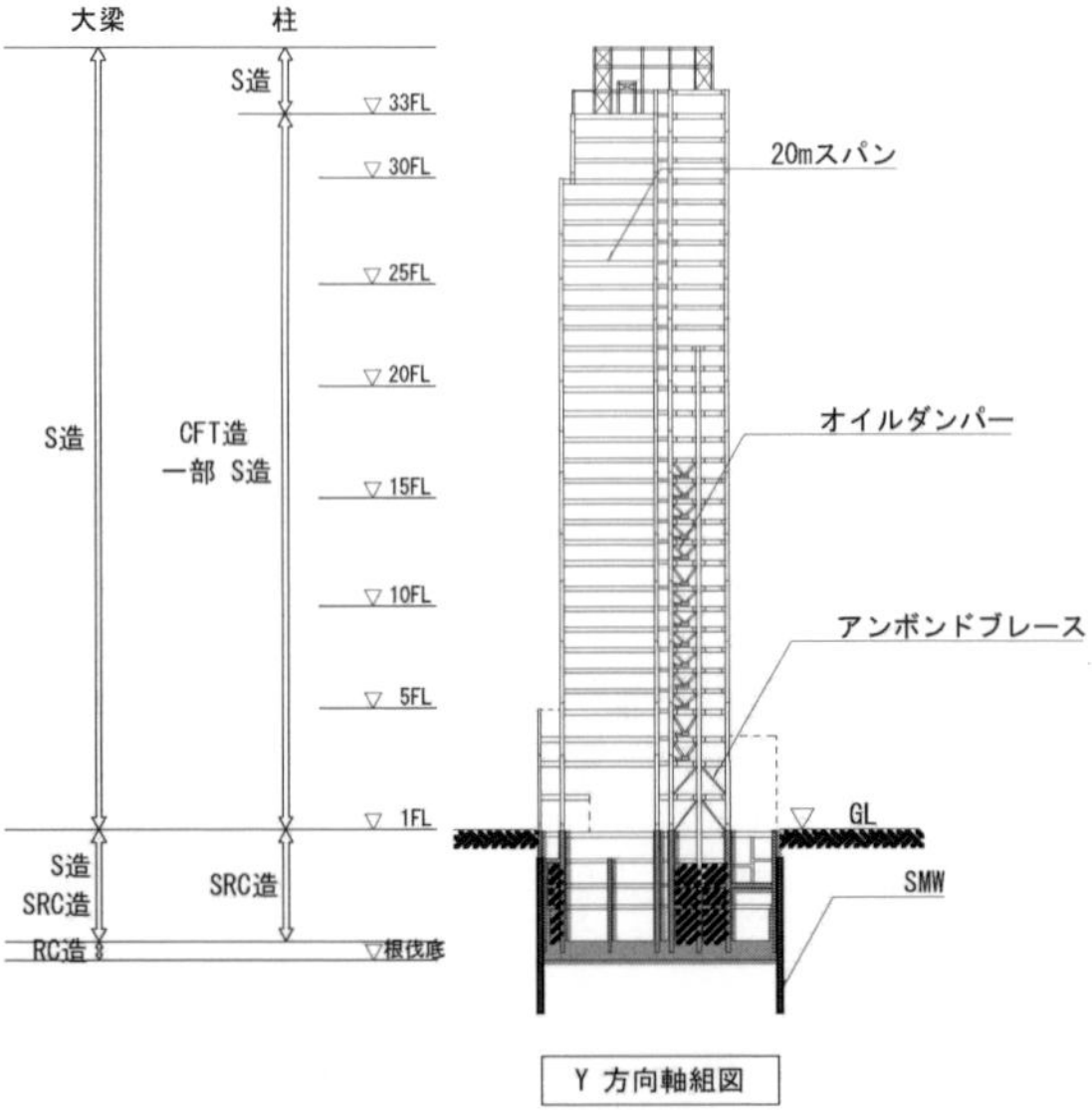

図2　東京ビルディングの構造（立面図）

◉——自由度、耐震性、経済性を実現した「東京ビルディング」

こうした考え方を取り入れた最新の事例として、「東京ビルディング」の構造計画についてご紹介しよう。このビルは奥行二〇メートル、長さ一一二メートルの矩形のオフィス空間を創り出すために、次のような構造システムを採用し、空間の自由度と耐震性能、経済性を実現している。

・構造計画

X方向架構は七・二メートルスパンを基本とした均等な純ラーメン構造である。Y方向もラーメン架構を基本としているが、大スパン化（事務室部二〇・〇メートルスパン）しており、フレキシビリティの高い事務所空間を構成している。

高層直下に屋内貫通通路（三層の吹抜け空間）が位置するが、柱は十分な安全性を有する断面とし、また、コア部にアンボンドブレースを設けて鉛直方向の剛性バランスをとっている。

・制震装置

本建物には、二種類の制震装置を採用している。

X方向一～二階のコア部にはアンボンドブレースを使用し、低層部の剛性および耐震性の向上を図っている。

Y方向一～一六階のコア内にはオイルダンパーを設置し、水平変形を低減させている。また、できるだけ外側スパンに配置することにより、ねじれ変形の低減も図っている。

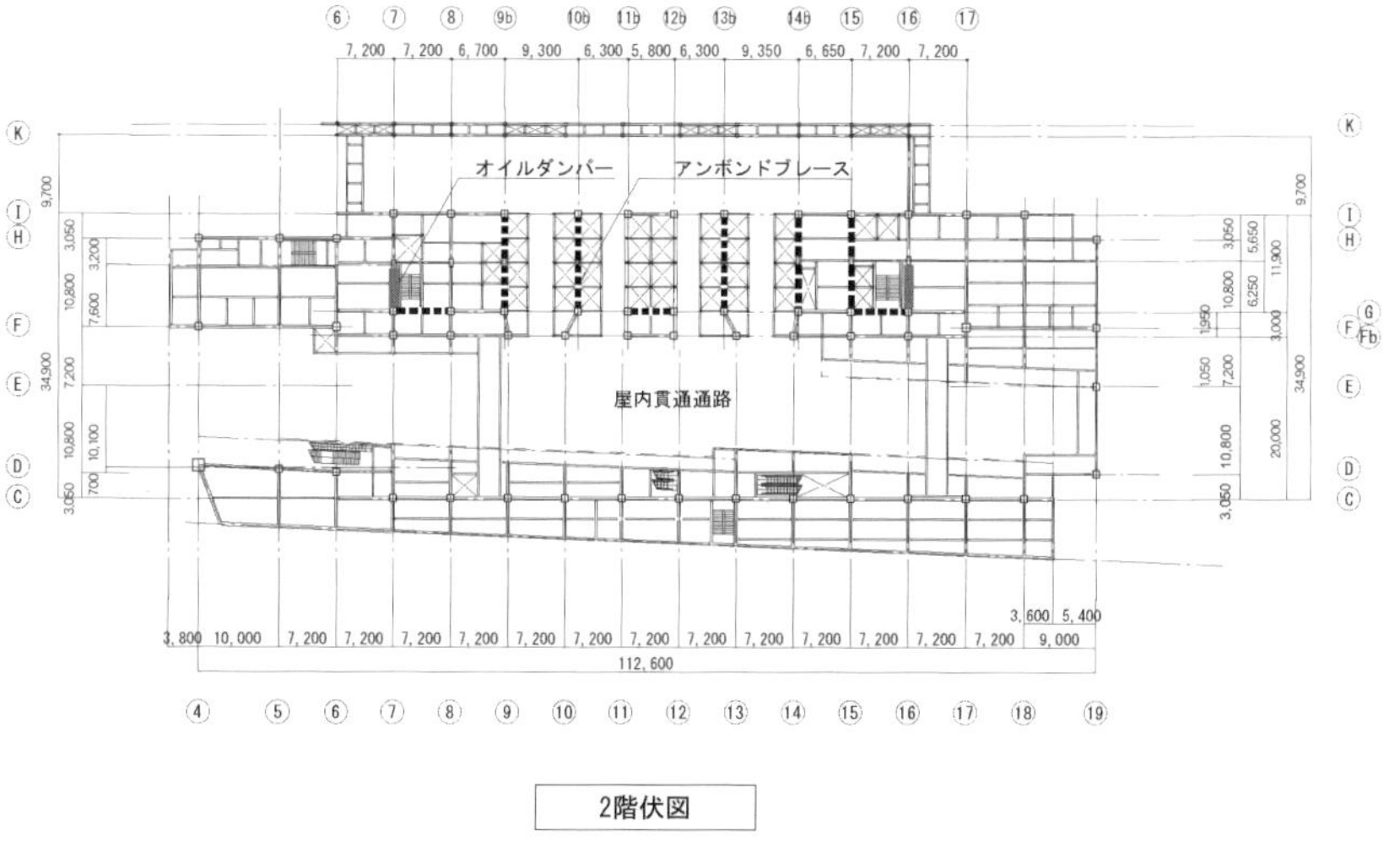

2階伏図

図3　東京ビルディングの構造（平面図）

11 技術進歩で変わる耐震判断

第一世代の超高層ビルは安全か

阪神・淡路大震災以降、「超高層ビルは安全」という認識が広まったが、超高層ビルはすべて安全なのだろうか。『日経アーキテクチャー』（二〇〇五年一二月一二日号）では、第一世代超高層ビルの安全性に疑問を投げかけている。第一世代とは、今から四〇年あまり前の「超高層時代の幕開け」といわれた時代に建築された超高層ビル群だ。同誌は「第一世代超高層ビルもいわば既存不適格ビルとして（実際の法的基準では不適格ではない。ただし、建築基準法第三八条の大臣認定は抹消されている）再検証すべき」と指摘している。

耐震の問題ではないが、ニューヨークのシティコープビルは、建設後、構造設計を行ったルメジャーが耐風設計の瑕疵を申し出て、クライアントは自らの費用でルメジャーの改修設計に基づいて改修工事を実施した。この話は技術者倫理として放送大学で学生に教えられている。

◉──解析技術の進歩がもたらしたもの

建設当時は最新の技術と素材を使い、法的になんら問題がない設計であったとしても、地震工学の進歩によって安全性の認識が変わることがある。昭和四〇年代に比べ、現代ではコンピュータの処理能力は飛躍的に進歩し、当時、解析不可能だった分野が次々に検証されているからだ。

仮に、最先端のコンピュータシミュレーション技術を使って第一世代の超高層ビルを再検証したとすれば、倒壊は免れても復旧不可能なケースが出てくる可能性が高い。もし一〇〇分の一でも傾けば、エレベータの走行に支障をきたし、超高層ビルは機能しなくなる。現代の技術で耐震性能を再検証して適切な耐震補強をしたり、資産価値を高めるために地震保険で補完する必要がある。

これは既存ビルだけの問題ではない。新たにビルを建築する際も心得ておくべき問題である。地震工学がいまだに未知の領域を含んでいる以上、これから建設するロングライフビルは、絶え間なく進歩する技術を受け入れ、その後の検証にも耐えられるような設計を心がけたい。

◉——超高層ビルの耐震設計と技術変化

超高層ビルの耐震設計の技術変化とその背景をみてみよう。

「超高層時代」は、昭和四〇年の容積制度の導入・高さ制限の撤廃に始まる。高さ四五メートル（その後六〇メートル）を超える建物の耐震設計は、建築基準法第三八条の規定（特殊な構造方法に関する大臣認定）に基づいて認定を受け、確認申請する緩和措置が設けられた。地震波の周期は数秒以下なので、建物の固有周期をそれより長い周期で設計すれば共振せず、大きな揺れを招かないことをコンピュータが実証したためだ。こうして、地震の作用力を建物周期に応じて設定する考え方がとられるようになった。

具体的には、建物の構造モデルが特定の地震波に対してどのように揺れるか、コンピュータ上でシミュレーションし、その結果の地震入力を地震荷重として部材を設計している。

シミュレーションに使われる地震波は、米国カリフォルニアで一九四〇年に記録された地震波「エルセントロ」、あるいは一九五二年の「タフト」。その後、一九六八年の日本の「八戸波」も用いられるようになった。しかし、シミュレーションに使われる地震波は限られており、未知の地震波についての検証ができないという限界も残されている。

最近の地震工学の研究成果として、極長周期（表面波）の存在も指摘されている。超高層ビルといえども未知の現象に対しては完全とはいえない。苫小牧の石油タンクが、周期八秒以上の長周期波で揺れて炎上した事実も記憶に新しい。

◉──完全には解明されていない地震メカニズム

シミュレーションで用いられている「実体波」とは異なる特性をもった地震波があることがわかってきた。メキシコ地震で確認された「表面波」である。

実体波が地底の岩盤の歪みが開放される衝撃で「ガツン」と突き上げる地震波とすれば、表面波は、水を入れたたらいを揺すったときの水面のように「ゆらゆら」と揺れる地震波である。長周期でパワーの大きい表面波は、超高層ビルにとって実体波より大きな被害をもたらす可能性が高い。

大手設計事務所やゼネコンの研究所では一〇年近く前から人工的に表面波をつくり出し、超高層建築の耐震設計のシミュレーションに用いている。しかし、当然ながら第一世代の超高層ビルでは表面波に対するシミュレーションは行われていない。

また、超高層ビルに使われる鉄骨材についても、当時と現在では製造プロセスの革新で信頼度や強度が大幅にアップしている。

◉――超高層ビルは容易には取り壊せない

昭和八年、物理学者で地震研究でも知られる寺田寅彦は、建物の耐震設計について人間の鎖骨にヒントを得て、『建物の鎖骨』を設計施工しておいて、大きな地震がくれば必ずそこが折れるようにしておく。その代わり他の致命的な部分はそのおかげで助かるというようにする」というアイディアを書き残している。

まさに現代の最先端技術である「損傷制御技術」につながる考え方である。

超高層ビルは容易に取り壊せない。だからこそ巨大地震に遭遇しても主要構造を守り、再使用できるようにしておかなければならない。建設時の基準をクリアするだけでなく、常に最先端の性能と技術水準に照らし合わせて安全性が問われることになるだろう。

12 目標設定がリニューアル成功のカギ

「とりあえずリニューアル」では失敗する

「リニューアルすべきか、建替えるべきか、それが問題だ」

……ハムレットではないが、古いビルのオーナーならば一度は頭に浮かぶ疑問だろう。しかし、「この建物をいつまでもたせるか」または「いつ建替えるか」という明快な目標をもっているオーナーはごく稀である。効果的なリニューアルには、こうした事業期間の目標設定がもっとも大切なのである。技術的には、お金を惜しまなければどんな建物も甦る。しかし、ビル事業という経営的な視点に立って考えるならば、当然ながら費用対効果が問題になる。

そして、もっとも費用対効果の高い方法を考えるために不可欠なのが「いつまでもたせるのか」という目標設定なのだ。このビルをあと一〇年使うのか、二〇年使うのかでは、行うべきリニューアルは異なる。あるいは、もっと永くビル事業を継続したいのなら、建替えという選択肢のほうが有利かもしれない。

リニューアルと建替えは二者択一の問題ではない。同じ時間軸のなかの問題だ。建替え時期を設定し、そこから逆算して「それまでの間の収益を最大化するために、今、なにをすべきか」と考えたい。

◉――計画段階までで成否は九割決まる

仮にオーナーが「築三〇年だが、リニューアルをして、あと二〇年使いたい」と考えたとしよう。実際にそれが可能かどうかをハード、ソフトの両面から診断し、費用対効果の面から検討する必要がある。

ハード面では耐震性能、階高、配管、設備、内外装などの状況を調べ、二〇年間もたせるための構造・工法や設備、内外装の仕様を検討してリニューアル費用を出す。ちなみに、二〇年に設定したのは、一般的に設備の耐用年数が二〇年前後なので設備の寿命に合わせたためである。ソフト面では、法的問題がクリアされているか、この地区の需要見通しはどうか、賃料の動向はどうかなどを調べる。

また、リニューアル工事がテナントの移転を伴わない「居ながら工事」ですむのか、テナントに移転してもらって工事しなければならないのか、もし移転を伴うなら仮移転（本移転）期間はどのくらいか等々、テナントの引越し費用から工事期間中の賃料収入の減少まで含めて慎重に検討したい。

こうした調査データをもとにリニューアル計画を作成することになる。ここまでの段階でリニューアルの成否は九割決まるといっても過言ではない。

◉──用途変更まで含めて最適方法を模索したい

この段階で、やはり建替えるしかないという結果にいたる場合もある。耐震性能が低く耐震補強に莫大な費用がかかるビルや、天井高が低くてＯＡフロアやシステム天井への変更が難しいビルでは十分なリニューアル効果が望めず、建替えになるケースが多い。

建替える際は、この教訓を生かして「強くて美しくて心地よいロングライフビル」をつくり、長期修繕計画を立て一〇〇年またはそれ以上もたせたい。

また、この段階で「用途を変更する」という選択肢が浮上するかもしれない。たとえば、そのエリアのビジネス需要が減少気味で、商業店舗やホテル、住宅への転用のほうが将来にわたって安定した収益が望めるというような場合だ。

リニューアルの判断にはこのように総合的、多角的視点が不可欠であり、「とりあえずリニューアル」などという甘い考えではドブに金を捨てることになる。専門家にフィーを支払ってコンサルティングしてもらうべき分野だろう。

◉——建物目標性能とグレードを設定する

さて、先のケースでは、調査の結果、オフィスビルとしてリニューアルできることがわかった。次は建物目標性能とグレードの設定である。ターゲットとする需要層のニーズをつかみ、投下費用を二〇年間で回収するという二つの視点から最適な目標性能とグレードを決めなければならない。

検討項目は、設備、構造、仕上げ材、工法、防災・セキュリティなどのほか、省エネ・省資源などの環境への配慮をどこまで行うかといったことも含まれる。今後、二〇年間に起こりうる変化をできるだけ予測し、どんな事態が起こってもローコストで対応できるようにしておきたい。二〇年間という区切りはあるものの、メンテナンスがしやすい建物や設備更新に配慮した設計など、基本的な考え方や技術はそれぞれの項目で説明しているので参考にしてほしい。

リニューアルをしたからといって、残り二〇年間手入れを怠れば商品価値はどんどん落ちていく。その間にも、世の中には次々に最先端の機能を装備した強力なライバルが登場してくる。建替えにいたるまでの間、安定した収益を上げ続けるように定期的な建物診断と適切なメンテナンスを行いたい。また、これを機に、残存期間の長期修繕計画の策定や予算手当てをしておきたい。

壮年期を過ぎた人間と同様、予防医学的な考え方を取り入れて、建物も健康かつ美しく長寿を全うしたいものである。

13 建替えかリニューアルか

スクラップ&ビルドからストック&リノベーションへ

入居していた賃貸ビルAが手狭になったB社は、不動産価格の下落をみて築三〇年近いCビルを購入、本社ビルとして二〇年間使うことにした。Cビルは比較的よく管理されていたが、設備や配管には耐用年数がきており、内装や外観もかなり古びていた。B社はCビルを建替えるか、それとも全面的なリニューアルをして使ったほうがよいか、建物診断とコンサルティングを中立な立場の専門会社に依頼した。

コンサルタント会社は建物診断を行ったうえで、建替えとリニューアルの比較をしてそれぞれの問題点を洗い出した。コンサルタント会社は、ハード面の要素以外にも次のような点を判断材料として挙げた。

・建替え工事費を一〇〇とした場合、リニューアル工事費は六五～七〇（解体・建築費／構造はどちらも免震構造を想定）。
・現行建物は容積率いっぱいに建築されており、建替えても床面積は変わらない。
・工事期間は新築約二年、リニューアルが約一年。工事期間中にB社がAビルに支払う賃貸料負担や、Cビル稼働時に一部賃貸に回して得られる賃料収入も比較考慮すべき。

さて、あなたならどちらを選択するだろうか。

Ｂ社の選択はリニューアルだった。

「事業環境の変化が激しい時代を迎える。今後二〇年の間にはわが社の展開も大きく変わるだろう。オフィスへの再投資額はできるだけ抑えたい。したがって、安全で機能的にも満足できる水準のリニューアルを行うことで対処し、耐用年数のくる二〇年後にそのときの事業環境に合った選択をしよう」と考えたのだ。

これはＢ社にとってベストな判断と思われる。的確な判断が下せた理由としては、クライアントの立場に立ったコンサルタントのアドバイスが大きい。

◉──リニューアルでは新築以上に綿密な計画が必要

リニューアルを成功させるには、オーナー自身が「いつまでもたせるか、どのレベルまで求めるか」といった目標を設定することが不可欠だが、次に重要なのは、オーナー側の意図を理解したうえで客観的視点からコンサルティングできる専門家をみつけることだ。オーナー側の立場に立って計画を練り、コストコントロールや業務推進のサポートを行えるプロがほしい。

なぜなら、リニューアルのほうが新築より数段難しいからだ。まず、既存部分の制約がある。テナントが入居しながらの工事ではさらに難しい。

現実には新築と比べてリニューアルを軽く考える傾向があり、事前の調査や計画立案に時間とコストをかけないオーナーが多い。リニューアルに対する意識を転換する必要がある。

◉──まず、健康状態（建物の現状）を知ることから

耐震構造偽装事件で、ビルの安全性や耐震性に対する関心が高まっている。表面だけ美しくリニューアルしても、骨格が弱くては寿命は短い。地震はいつくるかわからず、やってきたときにはすでに手遅れとなる。まず、自分の健康状態（建物の現状）を知ることが重要だ。これを医者と患者の会話にたとえれば、こんな具合になろう。

Q. 骨（構造）は大丈夫ですか
A. 一九八一年以前に建てられた旧耐震基準の建物なので不安です
Q. 内臓（設備）は弱っていませんか
A. 二五～三〇年、だましだまし使ってきましたが、相当設備も傷んでいます
Q. 身体（外装、内装）は元気ですか
A. 見かけは若くみえるんですが、中身は年相応にガタがきてましてね

いずれにしても、骨と内臓の検査は人間の健康診断と同じように実施したい。結果を聞きたくないオーナーもいるだろうが、万が一放置して地震で倒壊すれば、隣接するビルにも影響を与えてしまう。早めの耐震、設備、建物診断をお勧めしたい。

ましてや将来売却する可能性があるならば、建物の健康診断は不可欠である。

◉――事後保全から予防保全へ意識転換を

建物をライフサイクルマネジメント（LCM）やライフサイクルコスト（LCC）で捉えるとき、リニューアルは

ロングライフ化の重要な要素として浮かび上がる。

また、ＬＣＭやＬＣＣの視点でみれば、なにか問題が起こってから対処する事後保全より、予防保全で資産価値を高めていくという考え方のほうが合理的であることがわかる。

一例を挙げよう。

最近のオフィスには高価な機器が増えている。もし、配管が壊れて水浸しになったらテナントの損害は莫大だ。補償額も莫大なものになろう。リスクマネジメントという視点からも予防保全が望ましい。

●――長期修繕計画とそれに基づく予算の確保を

分譲マンションでは長期修繕計画という考え方が定着しているが、オフィスビルではまだ少ない。オフィスビルにも長期修繕計画は必要だ。長期修繕計画に記されている設備などの耐用年数が近づいた段階で専門家による診断を受け、設備更新やリニューアルを実施していけば、前述のようなトラブルは避けられる。

長期修繕計画を立てることのメリットは、予防保全のほかにあらかじめ予算措置がとりやすいことだ。リニューアル工事も耐震補強などを含めた大がかりなものになれば、最初のケースのように新築の七割前後の費用がかかる。事実、資金調達がネックになってリニューアルに着手できないオーナーがたくさんいる。

また、不動産証券化などが一般化し、ビルは投資商品として第三者機関によって客観的に評価されるようになった。そうした場合、長期修繕計画に基づいて適切に管理されてきた記録があるものとないものとでは資産価値の評価に大きな開きが出てくる。

14 リニューアルの盲点

機能だけでなく、デザイン性も高めたい

A、B二棟のビルがある。建築した時期も機能も規模もほぼ同じだが、Aビルは満室稼働、Bビルは二割近く空室がある。Aビルは長期修繕計画に沿って総合的なリニューアルを実施し、機能だけでなく外観デザインも一新した。Bビルは計画性なく、必要に迫られる都度、小修繕や外壁塗装などを繰り返して対処してきたため、工事でもさまざまな無駄が出た。

二〇〇〇年間にリニューアルやメンテナンスにかけたコストの総額はそれほど変わらない。機能面の差もわずかなものだ。しかし、Aビルが新築ビルと比べても見劣りしない新鮮な外観デザインであるのに対して、Bビルは古ぼけて冴えない印象を与える。

稼働率の違いはどうやら「見た目の違い」が大きいようである。

空室が多いBビルのオーナーは、リニューアルを「失われた機能を回復させるもの」と捉えていた。そのために計画性なく修繕や改修を繰り返し、外観や内部空間がなんともチグハグなものになってしまった。

一方、満室稼働のAビルのオーナーは、リニューアルを「時代やテナントのニーズに合わせて建物の魅力と価値を高めていくもの」と捉えた。そこから「デザインも資産価値を高めるための重要な要素である」という発想が生まれた。オーナーはリニューアル計画の際にデザイン力にも定評のあるコンサルタント会社を入れて、現代のテナントが好む外観デザインに一新したのである。

◉──デザイン性は資産価値を高める重要な要素

消費者に「どんな観点から自動車を選ぶか」とアンケートをとると、「予算や性能、燃費で選ぶ」と答える人が多い。しかし、現実には、デザインや色など見た目の印象で決めてしまう人が圧倒的に多いという。どうやら人間の「好き嫌い」という感情は理論に勝るものがあるようである。

オフィスビルの場合にも似たような現象が見受けられる。

オフィスは企業のイメージを印象づけるもの。入居するビルのイメージは人材の確保や社員の意識を高める要素になる。一時期に比べればステイタス性へのこだわりは減ったが、同じ程度の条件ならば外観デザインがいいビルが圧倒的に強い。

デザインも機能と同様に資産価値を構成する重要な要素なのだ。外観デザインは誰の目にも明らかにわかるので効果も大きい。そのうえ、いいデザインとコストは必ずしも比例しない。コストを抑えながら美しいデザインにすることも工夫次第でできるのである。

それにもかかわらず、リニューアル工事ではデザインの視点がすっぽりと抜け落ちてしまうのはなぜだろう。ぜひ、リニューアルを「時代の感性に合わせてトータルにデザインしなおす絶好のチャンス」と捉え、美しいビルに甦らせてほしい。

◉──機能や街並みにふさわしい外観デザインに

テザインというと、日本ではともすれば妙に個性的であったり、ひとりよがりであったり、過剰装飾になりがちだが、本来のデザインとは機能性を最大限に追求していくなかで生まれるものである。

また、美しい外観デザインとは街並みと調和したものでなければならない。機能や街並みが変化すればふさわしい外観も変わるはずだ。外壁材などの素材も時代とともに開発が進んでいる。リニューアルによって、新築時よりももっと魅力的な建物に甦らせることはできるのである。

◉——リニューアルがしやすい工夫を設計に

また、ロングライフビルを建築する際は、デザイン性も含めてリニューアルが容易な内装材や外装材の採用や、設備機器の更新性を考えておきたい。

従来は内外装や部材・部品を一体設計していたため、リニューアルがしにくく、時間もかかりコストも高くついてしまっていた。イニシャルコストが多少高くなってもリニューアルのしやすい設計にしておけば、時代の要請に合わせて外観デザインも変更していける。

たとえば、窓枠や部材をボルト止めしておき、取替えが簡単にできるならば、テナントが入居したまま短期間に低コストでリニューアルができる。

こうした設計思想を取り入れ、部材・部品・設備などの取付け方法などを工夫することで、オフィスインテリアやレイアウトの変更も容易にできるようにしておけば、さらに有効である。

内装変更や、それに伴う退去時の原状回復工事費は原則としてテナント負担となるが、この負担は看過できない。工事費用も工事期間も少なくてすむような工夫が織り込まれていれば、感性の高いテナントにたいへん喜ばれるサービスになるだろう（第07・33項参照）。

商業施設やホテルは集客力の維持・向上のために頻繁に施設のリニューアルを行っている。オフィスビルもまた戦国時代を迎え、従来の「老朽化＝改修」といった時代から、社会の潮流にあった戦略的リニューアルを考える時代になっている。

コラム3

◇進化するオフィス機器

省エネ化で消費電力は減少

ビルを供給する側にとって「オフィス機器の進化」は大きな関心事だ。

しかし、コンピュータの出荷サイクル（新機能を備えた商品を出荷するまでの期間）は、大型汎用機一年、サーバーが二〜三年、パソコンにいたっては四カ月〜半年。専門家でさえ「比較的大きな技術変化の見通しも二年先までが限界」という。

一方で、コンピュータの省エネ化も進んでいる。コンピュータは省エネの対象になっており、一番優れた製品の省エネ基準を目標値とするトップランナー方式が採用されている。

性能対消費電力でみると、これまで三年で性能は三〜四倍、消費電力は三倍程度。専門家によれば「CPU自体の稼働時電力は大幅に下がることはないが、稼働・非稼働のきめ細やかな電力制御が進み、積算した電力量は減少できるだろう」という。

将来の性能向上や設置台数の増加分を見込んでも、オフィス機器の消費電力や発熱量は、これまでの予想より確実に下がる方向に向かっている。

また、ネットワーク・サーバー側にソフトやデータが格納され、端末はキーボードと液晶ディスプレイだけになれば、端末の消費電力は激減する。

ネットワークによるペーパーレスが本格化すれば、電力を食うプリンタも減る。

無線LANももっと普及するだろう。

さらにオフィス照明が、端末画面に向かう作業に適した照度まで下がれば、消費電力はその分下がる。

オフィス機器の進化がビルの電気容量をこれ以上高めることはなさそうだ。

第2章

地球環境を守るオフィスビル

15 CO_2三割減、耐用年数三倍へ

目標達成の最大の課題は誘導のシナリオづくり

二一世紀は環境の世紀である。

一九九七年一二月、地球温暖化防止のため、国連主導の国際会議（COP3）が京都で開かれた。「有限な資源、限りある環境容量の地球」という共通認識のもとに、企業益や国益よりも地球益を上位に位置づけた世界最初の会議である。

COP3では、温室効果ガスの代表格であるCO_2の削減目標が定められた。日本は二〇〇八年〜二〇一二年の平均で、国全体の年間のCO_2排出量を一九九〇年レベルから六％以上削減することになった。目標の達成には、CO_2排出量の約三分の一を占めている建物がカギを握っている。

◉──日本建築学会が示した数値目標

これを受けて、（社）日本建築学会は「今後、わが国の建物は生涯二酸化炭素（温室効果ガス）排出量三〇％減、耐用年数三倍増（一〇〇年以上）を目指すべきである」という声明を発表した。同時に「地球環境行動ワーキンググループ」を結成し、具体策を検討した。その成果は、一九九九年に同学会が発刊した報告書『今後の我が国の建築の対応※』にまとめられている。

報告書によれば、前記の二つの目標は技術的には達成可能である。最大の課題は具体的なシナリオづくりだ。本書の目的のひとつも実はそこにある。

率直にいって、ビルオーナーの環境に対する意識は総じて低い。しかし、環境問題への視点をもたずにビルを企画、建設し、運営・管理すれば、いずれ大きなツケが回ってくるだろう。

ビル市場は企業業績を反映し、企業業績は世界市場とつながっている。そして世界市場は世界の動きを反映する。長期にわたって安定したビル経営を続けるには、こうした世界の動きを見通す目が欠かせない。

◉——努力目標から製造者責任へ

環境問題は倫理面から語られることが多いが、実は技術的、経済的な側面も見逃せない。

環境負荷の低減は倫理的な努力目標ではなく、現実的な色彩を帯びて経営に影響を与えるものになりつつある。環境税などの検討、環境会計の導入、廃棄コストの増大、拡大製造者責任の追及、企業の社会的責任などを通じて、建築コストや運営コストを左右する要素になるだろう。

建物が環境に与える影響は幅広く、建設から運営まで多くの企業や個人が関係してくる。環境に配慮したビルかどうかは優良なテナントの誘致も左右する。すでに、環境問題への配慮は、国際的な企業活動を行ううえでの前提条件になりつつあり、「エクセレントカンパニー」と評価される重要な指標となっている。

エクセレントカンパニーは、企業活動をどのような場（オフィス）で展開するのかという明確なビジョンをもち、ビルを選択する際も、そのビルがどのようなかたちで環境負荷に関与しているかを知ろうとする。ビルオーナーには、建物の環境負荷特性などを説明する責任（アカウンタビリティ）がある。

◉——国際化で企業の環境意識は高まる

環境問題の先進国である欧州の企業は、取引条件のひとつとして国際規格ＩＳＯ１４０００シリーズ（環境マネジメントシステム）の取得を挙げている。オフィスビルを選択する際も、チェック項目に「環境問題への配慮」が加わる可能性が高まっている。その中身も年々濃く、細かくなるはずだ。

欧米の投資家だけでなく、日本でも不動産に投資する際に詳細なデューデリジェンス（物件精査）が行われており、評価基準のなかで環境項目のウエイトが高まっている。

環境に配慮したビルを計画、評価、建設、運営し、自らもＩＳＯ１４０００シリーズを取得するなど、全社的に環境問題に対応しなければならない。それが国際化・情報化時代のリスクマネジメントのひとつであり、安定した経営を可能にする条件になるだろう。

※『持続可能な社会を実現するための地球温暖化防止および資源消費削減に係わる―今後の我が国の建築の対応』（社）日本建築学会　地球環境委員会　地球環境行動ワーキンググループ　問い合わせ先：日本建築学会０３－３４５６－２０５１

コラム4

天を突く高層ビル群。夜、見上げると、窓越しに「ロの字」の天井照明がきれいに並んでいる。建築設計者にとってなかなか気分のいい眺めである。

すっかり主流になったロの字型の天井照明だが、使う側に立ってみるとなかなかの頑固者である。

使い勝手は「ニの字」に軍配

◇頑固者の「ロの字」照明

これは蛍光灯が文字どおり「ロ」の字状に並べられ、隅に空調吹出し口などがレイアウトされているかたちだ。通常、オフィスビルは間仕切って使えるように三・二メートルや三・六メートルのモジュールでグリッドを設定している。ロの字照明はグリッドの中心部に設定されるため、これを無視して天井までの間仕切りはできない。ロの字照明は「想定グリッド以外の間仕切りを拒む」のである。

オーナーが強い貸し手市場時代に考え出された天井型であり、使い手の都合に耳を貸さない不親切な設計といったらいいすぎか。

本書でも提案しているとおり、会議室や応接室、個室は一対一・五のプロポーションが使いやすい。それにはハーフモジュールの間仕切りが必要になり、天井の照明器具レイアウトも、グリッドの中心を避けた「ニの字」が基本になる。つくるうえでは割高になるが、使う側に立てばこのほうが親切な設計といえるだろう。

つくり手側の論理か、使い手側の論理を優先するかで、「進化」の方向性が逆転する危険性がある、ご用心。

16 持続可能な社会とオフィス建築

良好な社会ストックとしての建築物の蓄積へ

日本では戦後（一九四五年）から二〇〇〇年までに、延べ一三〇億平方メートルを超える建築物がつくられてきた。建設当初はデザインの目新しさや品質の高さなどから工業化社会の象徴としてもてはやされたが、その多くが社会の要求の変化に対応しきれなくなっている。

阪神・淡路大震災で明らかになった耐震性能の不足、防耐火上の欠陥、劣化しやすい材料の使用や耐久性の全般的な欠如、断熱・遮音性の不足、アスベストを始めとする空気汚染物質の問題、用途転換が困難な空間や構造、求められる容積の未消化あるいは不適切な容積設定、景観美を損なうような外観、環境負荷削減の取組みの立ち遅れ、さらには構造強度の偽装など、社会から厳しい指弾を受けているケースも少なくない。

こうした問題を生み出す原因として次の三つが挙げられる。

1. 空間利用を計画的に実現するための社会的合意形成の不足
2. 私益優先の価値観
3. 建築主の社会的責任に対する認識不足

加えて、全体的な整合性や調和に対する配慮がされないまま個々人の創造力や意識が発露されたため、日本の都市は無秩序で魅力の乏しい景観や環境となってしまっている。

●──「建築物は社会的共通資本」として認識すべき

こうした状況を打開し、人口が減少するなかで持続可能な社会を実現していくにはどうしたらよいだろうか。まず、建物は世代を超えて使い続けられるものでなければならない。そのためには短期的な経済効率を尺度にして投資されている実態を克服し、投資家はもちろん、設計、施工、運用に関わるすべての関係者が建物を社会的共通資本と捉え、良好な社会ストックとなる建築物の実現と蓄積に努力することが求められる。

日本建築学会は建築物を次のように位置づけ、意識変革を伴うさまざまな対策を講じることを提言している。

持続可能な社会の構築を目指すうえで、建築物は「社会的共通資本」と位置づけ「優良な社会ストック化」が図られるべきである。

このために、

①既存の建築物については、社会の共通財産としての持続的な利用可能性を評価し、これらの耐久性・安全性・快適性の向上を積極的に図るとともに、

②新たに建設される建築物については、それが優良な社会の共通財産としてストックされるよう、立地にかなった土地利用を実現し、また世代を超えて使い続けられる建築物としての質的水準を確保する。

これらについて市民とともに検証し、その促進に資する制度など社会システム、ソフトやハードな技術・ツールなどの基盤を整備する。

この提案は、個人や企業の建築物も社会的共通資本であることを明確にし、「社会的な関心・関与を受け、社会的な基準に従うべきものであるという認識をもつべきだ」として、すべての関係者に意識改革を促している。

建築物は物理的機能だけでなく、社会的機能を持続するという耐用性も備えて初めて優良な社会ストックといえる。社会ストックには機能・性能を充足する「実用的ストック」、資産価値を担う「経済的ストック」、それぞれの地域・時代を象徴する「文化的ストック」といった側面がある。建築物は物理的ストックであると同時に、上記のような諸側面をもつ社会的ストックとしての価値をもつ。日本建築学会が「優良な社会ストック化」の推進を提言した理由もそこにあった。

◉──建築物に対する意識と認識を転換する

世界の多くの国や地域で、住居や都市を形づくる構築物が世代を超えて使い続けられている。これらの建物は人々の記憶に深く刻まれ慈しまれて、地域のアイデンティティや文化を創り出してきた。

そうした文化は、建築物の社会的意義を排除あるいは軽視するような風潮や社会システムのもとでは生まれない。大多数の人々が建築物のもつ社会的側面を尊重するような社会に転換することが、持続可能な社会と建物を生み出すことにつながる。

社会が建築物を「社会的共通資本」と位置づければ、建築物を持続的に利用し続ける営みは当然のこととなり、建物を企画し計画する段階から「優良な社会ストック化」に配慮するようになる。建築物に対する公的な支援や、新たな社会的制度に基づく支援などを導入する環境も整う。建物が社会的共通資本と認識されれば、短期的な採算判断ではなく、社会ストックにふさわしいものが求められ、結果的に質的な向上を促すだろう。建物の長寿命化は地球環境への負担も軽減する。

景観問題についても、私的な価値観のみで建築物の表情が決定されることを防ぐことができる。それぞれの地域における歴史、伝統、資源等を尊重して地域の文化性を継承し、地域の特色や個性を現す景観の形成が期待できる。長期的視点でみれば地域の環境や価値が上がり、投資は回収できるはずだ。

17 環境評価システム「ＣＡＳＢＥＥ」

サスティナブルビル普及のインセンティブに

「地球環境問題への対応は必須」という共通認識のもと、建築のサスティナビリティを推進するための技術開発や政策手段の検討が世界中で行われている。

なかでも、もっとも実効性が高い手法として注目されているのが環境評価システムである。建築物ごとの環境への負荷を客観的に評価し、結果を公表することで、建築物のサスティナビリティ（持続可能性）を高めるインセンティブにしようというものだ。高い評価を得た建物は資産価値も上がるため、市場メカニズムが働くものと期待されている。

これまでに世界中でBREEAM（Building Research Establishment Environmental Assessment Method；英国）、LEED（Leadership in Energy and Environment Design；米国）、GB Tool（Green Building Tool）等の環境性能評価手法が開発され、成果を挙げている。

日本でもこれらの性能基準の考え方に基づいて、国交省の支援で産官学協働の委員会ができ、ＣＡＳＢＥＥ（Comprehensive Assessment System for Building Environmental Efficiency）としてまとめられている。

一部の自治体では、一定規模以上の建物を建築する際に環境計画書の届け出を義務づけており、その内容をインターネットや窓口で公開している。環境計画書とは建物の環境性能を客観的な判断基準にもとづいて記載したものだ。一例として、二〇〇四年四月、名古屋市は名古屋市建築物環境配慮制度による「ＣＡＳＢＥＥ名古屋」を実施している。

◉——環境性能評価システム「CASBEE」の特徴

CASBEE開発の基本方針は次の四つである。

1．より優れた環境デザインを高く評価し、設計者等に対するインセンティブを向上させるような構成とする
2．可能な限りシンプルな評価システムとする
3．幅広い用途の建物に適用可能なシステムとする
4．日本・アジア地域に特有の問題を考慮したシステムとする

環境性能評価システムは「この建物はいかに環境に配慮しているか」という視点で格付けするものだが、CASBEEは環境負荷が少ないだけでなく、室内外の環境やサービス性能などの建物本来の機能が優れているビルほど総合評価が高くなる。

具体的には建物の環境負荷を横軸、環境品質と性能を縦軸にとり、現在の基準で平均的な建物が「1」となるように評価項目ごとに配点されている。つまり、1以上であれば、そのビルの環境性能は標準以上ということを示す。

CASBEEにおける環境性能格付けは「Sクラス＝素晴らしい」「Aクラス＝非常によい」「B^+クラ

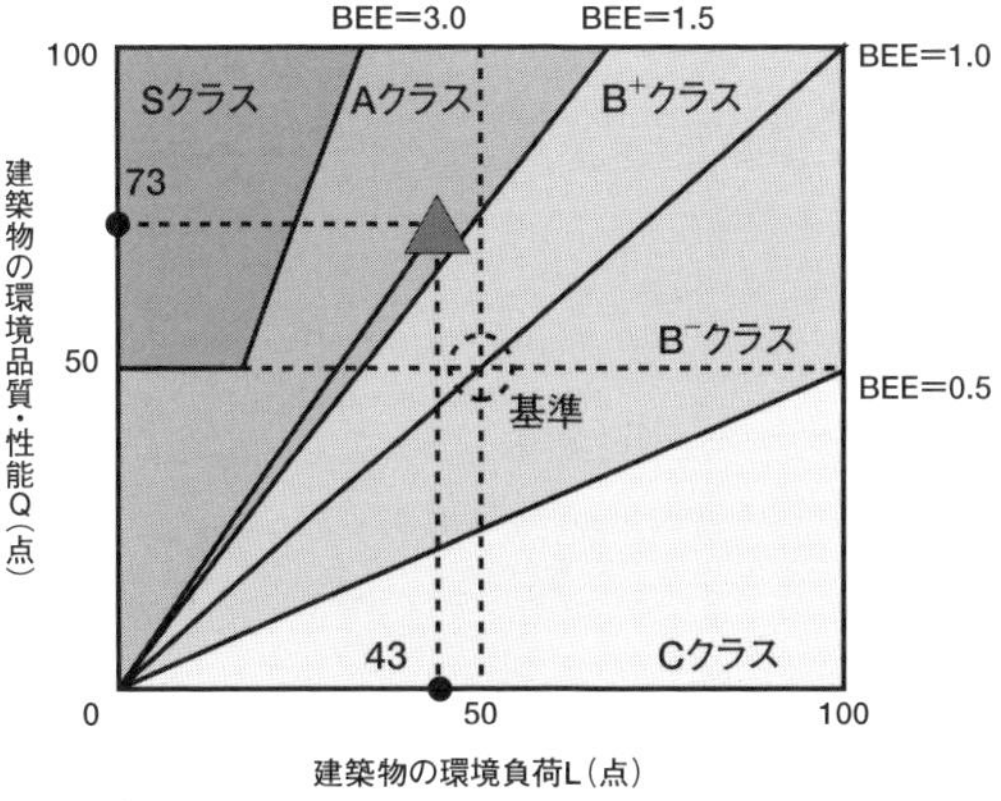

CASBEEにおける環境性能格付け
Sクラス　（素晴らしい：Excellent）
Aクラス　（非常によい：Very good）
B^+クラス（よい：good）
B^-クラス（やや劣る：Fairly poor）
Cクラス　（劣る：poor）

図1　建設物環境性能効率（BEE）表示

ス＝よい」「B⁻クラス＝やや劣る」「Cクラス＝劣る」で表され、「S、A、B⁺」が1以上となっている。

◉――ライフサイクルごとの四つのツール

ＣＡＳＢＥＥは建築物のライフサイクルに対応して「企画、新築、既存、改修」の四つの評価ツールから構成され、各ステージで活用できるようになっている。

「CASBEE－企画」

プロジェクトの企画（プレデザイン）の際に、オーナーやプランナーを支援することを目的とする。大きくは以下の役割をもつツールである。

1．プロジェクトの基本的な環境影響等を把握し、適切な敷地選定を支援する
2．企画段階でのプロジェクトの環境性能を評価する

「CASBEE－新築」

設計者やエンジニアが設計する際に、建築物性能効率（ＢＥＥ）などを向上させるための自己評価チェックシステムであり、設計仕様と予測性能に基づき評価を行う。専門家による第三者評価を行えば、ラベリングツールとしても活用できる。改築・建替えも「ＣＡＳＢＥＥ－新築」で評価するが、その際、解体工事に伴う廃棄物抑制に対する取組みも評価される。

「CASBEE－既存」

既存建築ストックを対象とする評価ツールで、竣工後一年以上の運用実績に基づき評価する。資産評価にも活用できるものを意図して開発された。

「CASBEE-改修」

既存ストックを対象とし、今後重要性が増すESCO事業やストック改修への利用も視野に入れたもの。建物の運用モニタリング・コミッショニングや改修設計に対する提案などに活用できるツールである。前述の「CASBEE-既存」と併用することで、改修前からの改善度合いを評価することができる。改修工事で発生する廃材のリユースやリサイクル・適正処理等の評価も行う。

「CASBEE-新築」の評価には、採点に必要な根拠資料作成時間を含めて三〜七日間程度を要するが、二時間程度（省エネルギー計画書作成時間を除く）で予備的な簡易評価ができる手法も開発されている。

また、地域特性に合わせた変更やヒートアイランド影響への詳細評価、地域スケールへの拡張など、普及に向けてさまざまな開発が進められている。

◉——テナント企業にとっても重要な判断指標に

CASBEEは、建物を利用するテナント企業にとってもオフィスビル選択の重要な指標になりうるものだ。高い格付けのビルはエネルギー効率が高く、コストメリットがあるだけでなく、そうしたビルにオフィスを構えることによって、環境に配慮した企業というイメージを社会にアピールできる。こうした幅広い利用を進めるため、CASBEEは建築に詳しくない人でもわかりやすい工夫がされている。

また、ビルのオーナーやファンドマネジャー、投資家などにとって、環境意識の高い優良なテナント企業に長期に入居してもらうことは安定した収益力につながり、ビルの価値を高めることになる。

地球環境への関心が高まるなかで、ＣＡＳＢＥＥがオフィスビルの差別化や競争力の一翼を担う時代がくるだろう。

コラム5

オフィスビルの新たな品質

◇ノーマライゼーション

二〇〇五年、六五歳以上の人口比率が二〇％に達した。団塊の世代の定年退職も間近に迫っている。「若年層が高齢者を支える」というこれまでの図式には限界がきている。これからは高齢者や障害者などの就業機会を広げる環境づくりが社会的な課題になるだろう。

六〇歳定年制の義務化、厚生年金支給年齢の引上げ、障害者の雇用の義務づけなどの施策によって、オフィスワーカーに占める高齢者や障害者の比率は年々増加している。また、団塊の世代は、定年退職後もＮＰＯなどさまざまなかたちで社会に参加していく可能性が高いものと思われる。

こうした社会変化に対して、オフィスビルも対応していかなければならない。「高齢者や障害者も当たり前のように生活できる＝ノーマライゼーション」の思想に基づいた設計は、今後のオフィスビルを含むすべての建築が備えるべき条件になるだろう。

歩行面の平滑化、段差の明示、手すりの設置、車椅子用のトイレや駐車場の確保といった目にみえる部分だけでなく、室内温度の平準化、視力の衰えに配慮した照明（照度）・色彩・サイン計画、誤解や混乱を防ぐ操作性の確保、滑りにくい床素材の採用など、総合的な配慮が不可欠だ。

こうした配慮は障害者や高齢者だけでなく、健常者にとっても安全で快適な環境になるはずであり、人間主役のオフィスづくりの延長線上にあるものと捉えたい。

18 建設副産物の削減・再活用へ

限られた資源を使い回す時代に向けた試み

「宇宙船・地球号」が持続できるかどうかは、「建物」が大きなカギを握っている。限られた資源の活用という観点から、従来は産業廃棄物として捨てられていたものを「建設副産物」として捉え直し、できる限り削減あるいは再生資源として再利用していこうという動きがある。

建設副産物とは「建設工事に伴い副次的に得られる物品であり、再生資源および廃棄物を含むもの」と定義される。

また、再生資源とは「原材料として再利用できるもの、またはその可能性をもつもの」である。たとえば、コンクリート塊は廃棄物であるとともに再生資源でもあり、建設発生土は再生資源であるが廃棄物ではない、という分類になる（図1）。

◉──環境関連法規は規制強化の方向へ

地球環境問題が国際的に注目されるなかで、国内ではさまざまな環境関連

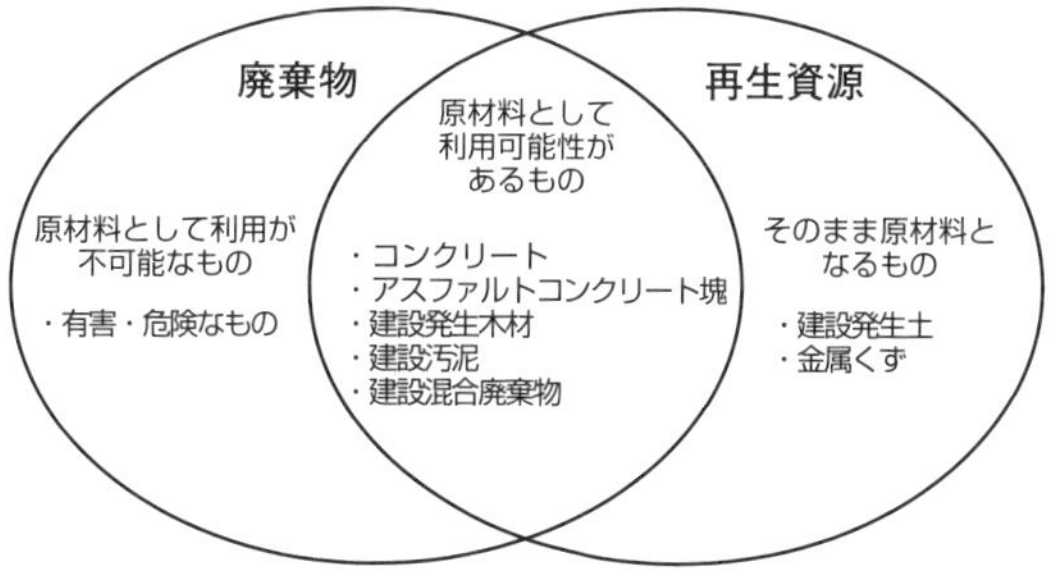

図1　建設副産物と再生資源

法規が強化、制定されている。政府は二〇〇〇年度を「循環型社会元年」と位置づけ、廃棄物の削減・再利用のための基本理念をまとめた基本法案を閣議決定し、国会に提出した。

大量に発生する廃棄物で処分場の処理能力が限界に近づき、不法投棄という環境犯罪まで起こっている。しかも不法投棄の約九割が建設廃材なのである。環境省の推計によると、産業廃棄物処分場はあと四年半で満杯になるという。このままでは「建てられない、壊せない」という事態に追い込まれてしまう。

こうした事態を打開するため、二〇〇二年五月に「建設工事に係わる資材の再資源化等に関する法律（建設リサイクル法）」が完全施行された。発注者・受注者・行政それぞれの実施義務が明確化され、発注者責任・元請責任の強化により企業責任が大きく問われることになった。コンクリート・木材・アスファルトなどの建設副産物の、現場での分別解体と再資源化も義務づけられた。

同法で特定建設資材として指定されたコンクリート塊は、高度経済成長期に建設されたコンクリート構造物が解体期に入っていることから、今後排出量が急速に増大するものと予想される。有効なリサイクル技術が実用化されない限り、早急に処理場や再資源化施設を増やさなければならないだろう。

いずれにせよ環境関連の法規は、今後、強化されることはあっても緩和されることはないと覚悟しておかなければならない。

◉——アスベスト問題もクローズアップ

近年、その危険性から注目を集めている「アスベスト（石綿）廃棄物」も、二〇二〇年をピーク（一七〇万トン）に、今後、毎年一〇〇万トンの排出が予想されている。

二〇〇六年二月、アスベストによる被害者救済法とともに建築基準法や廃棄物処理法など、石綿の除去、規制に関する四法が改正された。改正建築基準法では、吹付け石綿は解体時だけでなく、増改築時にも除去や封じ込めなどの飛散防止対策をとることを義務づけている。

ちなみに、二〇〇六年に東京二三区で完成する大規模オフィスビル（延べ床面積一万平方メートル以上）の総延べ床面積は一五四万平方メートルで、昨年の七七万平方メートルから倍増するといわれている（森ビル調べ）。二〇〇七年には一〇九万平方メートルが完成する見込みだが、そのほとんどが既存ビルの建替えであり、解体時のアスベスト対策が喫緊の課題となっている。

◉――最終処分量の三～四割を占める建設廃棄物

日本建設業団体連合会等による環境保全自主行動計画では、この問題を業界共通課題として捉え、循環型経済社会の構築という行動項目として次の三項目を挙げている。

1．発生抑制の徹底
2．リサイクル（有効再利用）の推進
3．適正処理の厳守

これに基づき、各社が自主的に環境保全活動を行っている。

こうした取組みの背景には、全産業の資源利用量の約四〇～五〇％を建設産業で占めており、ここから生じる建設廃棄物が膨大であるという事実がある。建設廃棄物の発生量は全産業廃棄物発生量の約二〇％。再利用率・減量化率は約六割であり、最終処分量では約三〇～四〇％を占めている。

建設現場から発生する大量の建設副産物のなかで、リサイクル率も低く、処理上大きな問題となっているのが混合廃棄物と建設汚泥である（建設混合廃棄物のリサイクル率は約一一％。建設汚泥は約一四％：一九九五年度全国実績）。

数種の材料が混じった混合廃棄物の分別処理は建築工事での主要な課題となっている。特に解体工事では木くず、紙くず、コンクリート塊、鉄筋くず、ガラス、蛍光灯まで各種分別が必要とされる。

解体工事では事前調査で有害物質の有無を確認したうえで解体手順方法を検討し、分別解体工法を行うのが基本。蛍光灯も水銀系廃棄物となるため、注意が必要だ。断熱材グラスウールは分別リサイクルも可能であり、大量に廃棄される食器、陶器、瓦、一般用や工業用の磁器類などの廃セラミックスを主原料にした外装壁や床タイルも開発されている。

建設現場における廃棄物削減と再資源化に対しても、さまざまな取組みが行われている。通常は木質系廃棄物としてひと括りにされる木くず類だが、作業所でパーティクルボード、オレフィンシート被膜木材、木くずの三品目に分別すれば、中間処理場での手間を省き、リサイクル効率を高めることができる。

また、前述したようにコンクリートがらは、建設リサイクル法でリサイクルを義務づけられている特定三品目のひとつだが、従来は路盤材や埋戻し材くらいにしか利用方法がなかった。

しかし、今では杭や基礎などの構造躯体にも使われるようになり、旧建物のコンクリート塊の三割近くを再利用できるようになった。

こうした再生技術は今後さらに必要に迫られて進化していくだろう。

◉──「ライフサイクルウェスト＝生涯廃棄物」という考え方

これから建設する建物については、建物のライフサイクル全般にわたって総合的に廃棄物を低減させる「ＬＣＷ：ライフサイクルウェイス

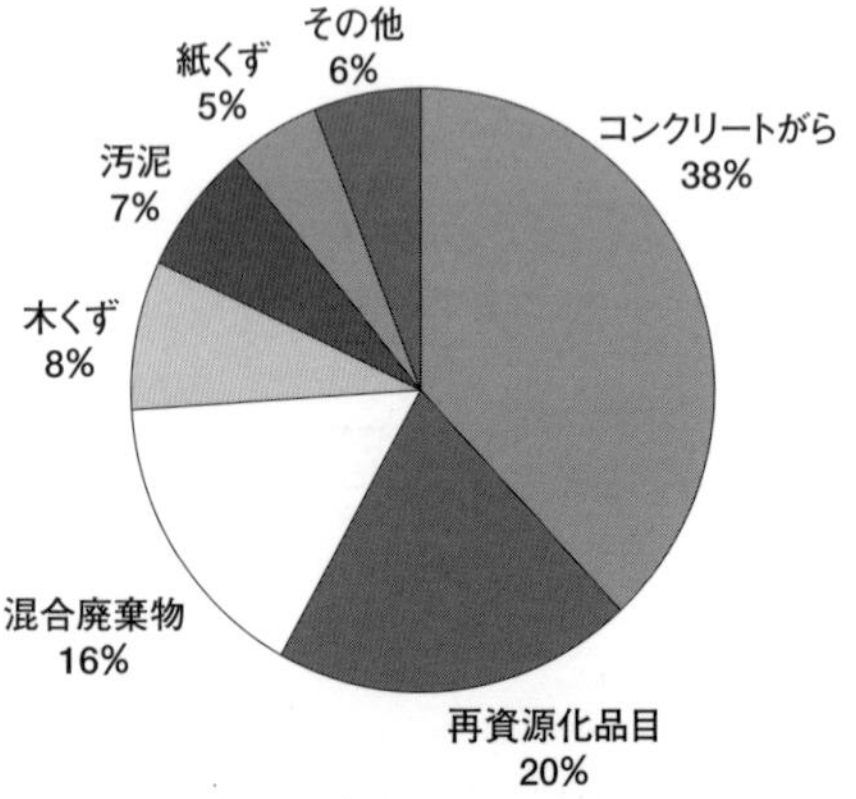

図2　建設産廃物に占める混合廃棄物の割合

ト＝生涯廃棄物」という視点が重要である。これには設計・計画段階からの廃棄物低減努力が求められる。

建物の計画段階でＬＣＷを導入し、新築・リニューアル・解体といった建物生涯の各時点における建設副産物量とその環境影響度を予測するシステムを活用したい。

初期段階でＬＣＷの検証を行うことで、使用する材料を変更して建設廃棄物が少ない建物に計画を変更したり、廃棄物処理・処分方法の再設定で発生量やリサイクル率の向上を図るなど、環境負荷の少ないサスティナブルビルを実現することができる。

木くず	→	パルプ材・パーティクルボード等
ガラス・陶磁器くず	→	再生砕石・敷砂利等
コンクリート塊	→	再生コンクリート等
ダンボール・古紙類	→	再生ダンボール・再生紙等
鉄くず・缶プレス	→	鉄スクラップ等
非鉄金属	→	非鉄スクラップ等
石膏ボード・ALC版 ロックウール・グラスウール	→	解体現場より直接 各資材メーカーに搬送
塩化ビニール管	→	再生塩ビ管等
廃プラスチック類（ブルーシート）	→	高炉原料等
廃プラスチック（非塩ビ） 発泡スチロール	→	燃料・再生プラスチック
混合廃棄物・その他	→	燃料ガス・溶融水砕スラグ 金属スクラップ

全廃棄物の再資源化を促進し、埋立て処分量ゼロを目指す

図3　建設副産物の再利用

19 解体まで考えた建築設計

究極のリサイクル建築を考える

ビルを建設するとき、期限が限定された建物でない限り、解体時のことまで考えるオーナーはほとんどいない。しかし、環境省の発表によると、産業廃棄物の最終処分場の残余年数は四年半分しかない。

近い将来、建設業においても製造物責任が原則化され、新築・解体工事で発生する建設副産物は建築主または建設業界が自ら処理することが義務づけられるようになるだろう。エクセレントカンパニーには、設計（製造）段階から解体（廃棄）時の問題まで検討する姿勢が求められる時代になっている。

資源保護のためには、廃棄物をリサイクルして使い回す資源循環の仕組みが不可欠だ。しかし、設計段階で解体の検討まで行われていなかったために分別に手間やコストがかかり、最終処理とリサイクルのコスト差やバージン材とリサイクル材のコスト差を招いていた。

こうした問題をクリアするためには、建物の設計段階での製品アセスメントやリサイクル設計が有効だ。具体的には次のような点に注意したい。

◉——部材の取り外しを容易にする

副産物のリサイクル率を上げるには、建設現場で発生する副産物を簡単に分別できるようにしておくことだ。建設現場では、コンクリート塊、ガラス、木材など多種多様な副産物が発生する。しかも、それらが複合材として一体化しているためにはたいへんな手間がかかる。部材の取り外しの容易性を設計段階から考慮したい。

また、取替えの容易さを考えれば、部材は極力標準品を活用すべきであり、寸法が統一されたモジュール設計が望ましい。

◉──使用する構成材料の種類を少なく

最近では実に多様な複合材料が使われており、一見して何が原料かわからないものもある。解体段階の分別作業の手間を少なくするためには、使う材料の種類をなるべく少なくしておこう。

従来の建物は多彩な空間表現を追求してさまざまな材料を自由に使ってきたが、今後は、解体を考慮し、少ない種類の材料で豊かな表現をすることが「設計者の見識」といわれる時代がくるだろう。

◉──使用する材料を明確化する

解体の際に各部材に製造者名が記入されていれば、最終処分の責任者が明確になる。

また、材料の構成成分が明記されていれば、リサイクルを進めるうえで有効な情報になるだろう。部材に製造者名と材料の成分の明記を義務づけることも、リサイクル率を上げる有効な手段である。

石膏ボードの場合、製造メーカーによっては自社で製造した製品は廃棄物処理するが、他社のものは処理しないといったケースもあり、各部材についているメーカー名が重要な意味をもってきている。

最近では、わずか数センチのＩＣタグに、バーコードよりはるかに多い情報を納めることができるようになった。このＩＣタグにメーカー名、製造年月、成分などの情報を入れ、部材そのものに取付けることもできる。不法投棄を防ぐという観点からも有効であり、将来的にはすべての部材にＩＣタグの取付けが義務づけられる可能性がある。

◉――建設現場での加工を少なくする

新築工事の建設副産物を減らす方法として、部材などの工場加工を徹底させて建設現場では組立てを主体とし、現場での半端材の発生を少なくする方法がある。これは現場作業を少なくするうえからも望ましいが、デザインや設計の早期決定が不可欠になることはいうまでもない。

◉――既存躯体を使い回す思想

資源保護の視点からは、リニューアルや適切なメンテナンスで既存建物の寿命を伸ばすことが望ましい。しかし、物理的限界がきて解体する場合、既存の基礎部分を生かしたうえに免震装置を加え、新しい建物を建設するといった中間免震の方法が検討されている。これが実現すれば廃棄物はさらに少なくなる。

また、免震装置によって上部躯体は従来より軽く仕上げることができ、解体の総重量も少なくなり、地下構造の負担も軽減できる。こうした方法は、老朽建物の活用策として今後ますます注目されるものと思われる。

以上のようなことが、現在考えられる方法だが、一〇〇年、二〇〇年後には技術はさらに進んでいるだろう。場合によっては、こうした配慮のいくつかは意味をなさなくなる可能性もある。

設計段階で解体まで検討する姿勢は必要だが、現実的には仮設建物や定期借地権を設定した建物など、寿命が限定された建物に対して特に配慮すべき分野かもしれない。

第3章

投資評価の高いオフィスビル

20 建物のバリュー評価が進む

詳細なデューデリジェンスは世界の「常識」

ある大手外資系企業は、日本の不動産物件に投資する際、わざわざシンガポールから環境調査の調査会社を呼び、地質調査まで行った。欧米投資家はすでに数年前からアスベスト被害を重視していたし、火災時に有毒ガスを発生する建材の有無などについても、非常に慎重に物件を精査する。日本ではバブル崩壊まで「土地こそが資産」という意識が強く、ビルの売買事例も少なかったためにバリュー評価が進まず、欧米型の評価基準はないに等しかった。

しかし、経済活動の国際化で、不動産も世界の評価基準で評価される時代になり、今では日本でも不動産取引にデューデリジェンスが欠かせないものとなっている。ファンドや不動産M&Aが増えるなかで、不動産のバリュー評価はますます重要性を増している。

◉——投資期間中の利回り低下リスクを回避する

投資家がもっとも警戒することは、投資期間中になんらかの瑕疵が発見されて投資利回りが下がることだ。このリスクを回避するために、デューデリジェンス（物件精査）には相当のコストをかける。

デューデリジェンスの対象範囲は、物的状況調査、法的調査、市場調査、不動産経営状態調査、環境調査など広範であり、それぞれの専門家を使って詳細な報告書を作成させる。それをもとに利回りを出し、物件の購入価格を決める。

外資系投資家は、世界中で使っている建物調査マニュアルで日本の不動産をチェックする。マニュアル全体を通してみると、建物概要や仕様のほか、地質・地盤、耐震性、電気容量、バックアップシステム、エレベータ、空調システム、ビル管理システムなど実に細かくチェックしていることがわかる。

◉――現在のデューデリジェンスは減点方式

建物精査の第一目的はあくまでも瑕疵の発見であり、第二は市場の基準を満たすために保有期間中にかかる再投資額の算出である。

築一〇年以上の建物では、予定売却時までに発生する補修費用やリニューアル費用を洗い出す。そして、売却予定時の市場にジャストフィットさせるために必要な再投資額も算定する。

たとえば、「電気容量が市場の要求水準を満たさない」という調査結果が出れば、電気容量を増設するための全コストを出し、購入金額からそれを差し引いた額を売り主に提示する。

有名な建築家の設計だからとか、大理石のロビーに素晴らしい彫刻があるとか、莫大な建築費をかけて建設したといった点は、残念ながらほとんど関係ない。デューデリジェンスはあくまでも現実的で、減点主義なのである。つまり、デューデリジェンスに耐えられるビルとは重大な欠陥（瑕疵）がなく、再投資額が少なくてすむビルだ。

また、欧米の投資家は、自分の投資しているビルが投資期間中に予想利回りどおりの収益を上げ、もっとも高く売却できるように管理・運営にも常に注意を払っている。そのために優秀なプロパティマネジメント会社を選び、管理や修繕の記録も残す。

◉──「環境評価」は今後重視される

欧米と日本でもっとも顕著な意識の違いは、建築物の環境配慮に対するものだ。

欧米投資家はリサイクル部材やリユースを考えた素材が使われているか、省エネ対策はどうか、アスベストなどの有害物質は使われていないか、土壌汚染はないかなど、かなり以前から環境と安全に対して強い関心をもっていた。

日本でもアスベスト問題が騒がれているが、欧米ではアスベスト被害が起こる可能性があるとわかれば、他の条件がよくても投資対象から外すのが「常識」だった。

不動産投資においても、環境を重視する傾向は今後ますます高まるだろう。ビルの資産価値を長く維持しようと思うならば、環境問題に本腰を入れ、適切な予算をとっておく必要がある。

21 不動産証券化が突きつけたもの
ビルの所有者は多数の投資家に

二〇世紀末、多くのビルオーナーが「ビルを手放す気などないのだから、投資家の評価など私には関係ない」といっていた。

バブル崩壊までの日本のビル事業は、企業全体の信用力（現実には土地担保）で銀行から資金調達してビルを建て、そこから上がる利益をオーナーが独占してきた。

地価も賃料も右肩上がりの時代にはよほどのことがない限り、ビルを売却する場面はなかったろう。しかし、価格変動リスクが大きい不動産市場に突入して、オーナーは利益を上回るリスクまで一手に背負い込む時代となった。危険を察知した不動産会社は所有資産を処分して身軽になり、今までのノウハウを生かしたアセットマネジメントやプロパティマネジメントといったフィービジネスの比率を高めた。

◉――法整備進み、不動産投資市場拡大

日本の不動産証券化は、米国に比べて法制度面の整備も遅れていたが、ＳＰＣ（Special Purpose Company：特定目的会社）法や投信法（投資信託および投資法人に関する法律）の改正で一気にブレイクした。二〇〇一年に誕生した不動産投資信託（Ｊ－ＲＥＩＴ）市場も急拡大している。

当初は不良債権処理という目的で導入された感が強かった証券化だが、事業サイドでいえば資金調達手段を広げ、資産の流動化を高め、リスク分散を図るというメリットを生かす仕組みだ。

また、投資家サイドからみれば、不動産投資へのハードルが下がり、投資先の選択肢が増えたことを意味する。

◉——先駆者・米国の流れに学ぶ

先駆者である米国では、一九八九〜一九九一年の不況時に不動産市場を大改革してＲＥＩＴ（不動産投資信託）、ＣＭＢＳ（商業不動産を担保とした証券）による新しい資金の流れをつくった。その結果、機関投資家が不動産市場に戻り、投資用不動産市場の規模は一七〇兆円を超しているという。

米国の投資銀行は、公募市場で年金基金などの機関投資家の資金を吸い上げ、それを不動産事業に投資したり、資金を求めている不動産事業をＲＥＩＴやＣＭＢＳという商品に加工して機関投資家に売っている。

米国のシステムが世界の事実上のスタンダードであることや、米国がこれらの手法を導入した状況と、日本が酷似していることなどからみて、不動産証券化の流れは今後も拡大が予想される。

長寿命のオフィスビルが社会的資産として受け継がれていく光景を想像すると、そこには多様な投資家、大きくみれば年金基金などを通じて「社会」が新しい所有者に取って代わる姿がみえてくる。

◉——資金調達手段が多様化する

こうした流れのなかで、ビル事業の資金調達手段の選択肢が増えてきた。

資金調達の手段としては、従来のリコースローン（コーポレートファイナンス）のほかに、金利は高めだが、求償権が借り手の他の資産にまで及ばないノンリコースローン（プロジェクトファイナンス）、そして、不動産共同事業法に基づく証券化や、ＳＰＣ（特定目的会社）を使った証券化などがある。

ＳＰＣは不動産などを譲り受け、有価証券を発行して資金を調達する特定目的会社であり、最低資本金は三〇〇万円、取締役も一名で設立できる。投資家への配当金を損金扱いでき、不動産所得に関する税制優遇を受けられるなどのメリットがある。

また、ＳＰＣが発行する社債型の証券は一般的に格付けを取得しているので、投資家が判断しやすい。

すでに、ＳＰＣを使った不動産投資額は一〇兆円規模に近く、今後も私募ファンドの投資ビークルとしてさらに拡大するだろう。

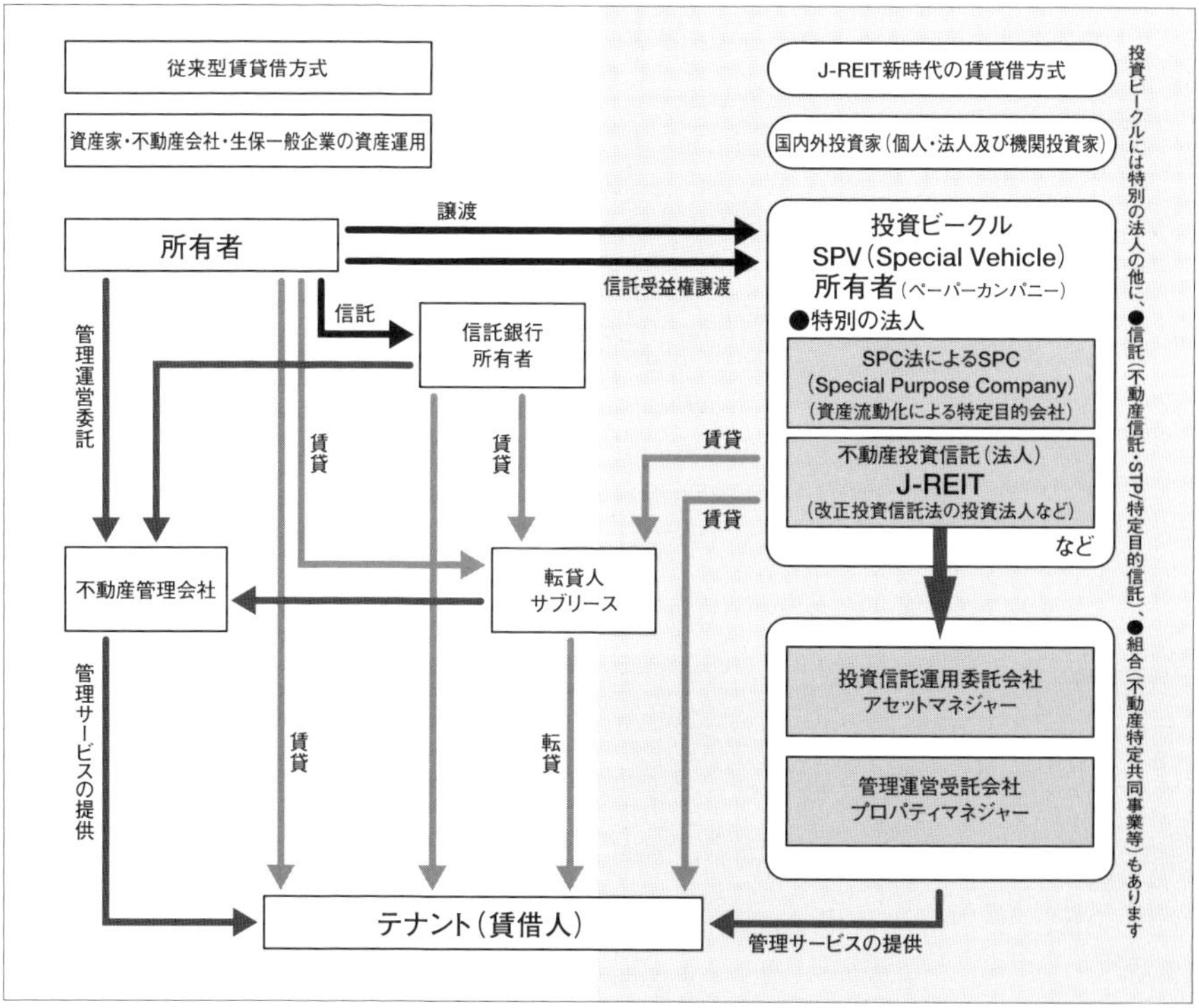

図1　不動産の新時代の賃貸借マップ

◉──証券化市場を見据えたビルづくりが進む

証券化でいうところの優良物件とは、端的にいえば「安定した賃料収入が見込まれるもの」である。投資期間中のキャッシュフローが最大のポイントだ。現在の市場で安定収入が見込める条件を挙げれば、おおよそこんなビルが浮かび上がる。

・ワンフロア一〇〇坪以上、延べ床面積一〇〇〇坪以上
・新耐震基準（一九八一年四月）以降の設計で、設備や管理状態が良好である
・テナントを誘致しやすい立地である

ただし、現実に投資商品化するには個別の物件特性が精査され、アセットマネジメント（AM）会社やプロパティマネジメント（PM）会社の信用力や運用能力も問われることはいうまでもない。

22 第三者の視点でチェックする

「大家さん」から「投資家」へ、意識転換が進む

アセットマネジャー（AM）、プロパティマネジャー（PM）、デューデリジェンス……不動産業界にすっかり定着したカタカナ用語である。いずれも内容をぴたりと表す日本語訳が難しい。なぜなら、これらはもともと日本にはないシステムを母体にして生まれてきた職務や概念だからだ。

「アセットマネジャー」は投資家に代わって資産価値の極大化を図るための戦略を練る投資顧問。「プロパティマネジャー」は日常の収支や建物管理、テナントとの良好な関係づくりなどを担当する専門家だ。「デューデリジェンス」※とは的確な投資判断のために、物理的側面、法的側面、経済的側面などから物件を精査することを指す。

◉——なぜ、デューデリジェンスが必要なのか

日本よりひと足先にバブルが崩壊した米国で、不動産の所有と経営の分離が進み、投資家をサポートする専門会社や専門家が活躍するようになり、こうした職種や業務が本格的に定着した。それを決定づけたのが年金基金の不動産投資やREIT（不動産投資信託）などの不動産証券化といわれている。

投資家の資金を運用するファンドマネジャーは物件内に内在するリスクを読み、投資判断をしなければならない。投資判断やその結果に対する説明責任（アカウンタビリティ）も問われるから、デューデリジェンスにも自ずと力が

入るというものだ。

米国の不動産取引は「買主瑕疵責任」が前提、日本では民法上「売主瑕疵責任」が前提という違いもあって、物件に投資する際の姿勢は日米でかなり違っていた。

◉——日本でも開花した不動産投資市場

日本では、バブル崩壊まで地価も賃料も右肩上がりで上昇していたため、ビルを売却する理由は見当たらず、管理や修繕も自らの系列会社で行ってきた。こうしたなかで、機関投資家を代表する生命保険会社でさえ、投資家というより「大家さん」と呼んだほうが似合う体質になっていた。

必ず価値の上がる資産を管理する者に緊張感はない。貸し手市場で空室率が限りなくゼロに近い状態では、非効率な管理体制や高コスト体質が定着するのも無理はなかった。

しかし、外資の投資家の日本の不動産買い、不動産証券化の定着に伴い、デューデリジェンスの意味と内容が浸透して、これを専門とする企業も数多く登場している。

一方、企業では収益から逆算した「時価会計」の導入が進み、バランスシートを改善するため所有不動産を手放す動きが加速している。不動産投資市場は新しい道具と原材料を得たわけだ。不動産投資市場の開花、発展とともに、日本でもデューデリジェンスは完全に定着した。

◉——所有（投資）するビルの資産価値の極大化を図る

投資家は、始めから高い収益を上げているビルだけを投資対象としているだけではない。

追加投資などによって、より高い収益力が期待できる潜在力のある物件を探し当てて投資するケースも多い。リニューアルやコンバージョン、管理の見直しやリーシング力によってビル本来の実力を引き出すことができれば、投資パフォーマンスは高まり、売却の際も正当なキャピタルゲインを得ることができる。

ビルオーナーも大家さんから脱却して、投資家という第三者の視点で所有ビルを見直し（あるいは第三者機関にデューデリジェンスを依頼して）、現在の収益力や将来の可能性、市場価値を把握しておかなければならない。そして、より高い評価を得るために何が必要なのかを模索すべきである。そのプロセスのなかで、高コスト体質の転換を図る方法もみつかるに違いない。

たとえば、ある生保は子会社に任せていたビル管理体制を見直し、競争入札で管理会社を決定した。

土地の含み益が期待できない以上、これからのビル経営はキャッシュフローの比較のなかで組み立てていくしかない。投資家になりきることで、資産価値の極大化を図る知恵や仕組みがみえてくる。

デューデリジェンス業務における調査項目*

①物理的状況調査
（Physical Due Diligence）
・現地調査、所在・地番、地目、地積等調査
・隣地との境界調査
・埋蔵文化財・地下埋設物等の調査
・地質・地盤等の調査
・建物構造（耐震調査）・設備関係調査
・建築（外装・内装・屋上・外構等）
・維持修繕費用
・増改築等調査
（必要に応じ改修・修繕履歴等）
・建築基準法上との適合状況調査
・消防ほか諸官庁の指導・指摘に対する遵守
・アスベスト等の有害物質調査
・土壌汚染、大気汚染等の調査
・危険物・嫌悪施設等の調査
・再調達価格の見積り　etc.

②法的調査（Legal Work）
・権利関係調査（登記簿による調査）
・賃貸借契約関係調査
・売買契約関係調査
・占有関係調査　etc.

③経済的状況調査
（Economic Due Diligence）
〈マーケット調査〉
・一般的要因の調査分析
・不動産市場の分析
（取引市場、賃貸市場）
・周辺の開発動向
・空室率
・地的要因、個別的要因の分析
〈不動産経営調査〉
・賃貸収入に関する調査
・経営に関わる経費関係の調査
・テナントの経済状況に関する調査
・管理・運営方法の調査　etc.

※「デューデリジェンス業務における調査項目」財団法人・日本不動産研究所

23 地震リスク回避のコストアプローチ

「安全と水はタダ」ではない

一〇〇〇年に一度といわれる阪神・淡路大震災は別格としても、毎年のように日本のどこかで地震や津波、高潮、台風などの災害が起こっている。しかし、日本人はいまだに「安全と水はタダ」という固定概念を捨てようとはしない。

「とりあえず明日は大丈夫だろう」と信じて毎日を送り、災害は「天災」と諦め、「喉元すぎれば熱さを忘れる」……。こうした日本人の特性からか、大地震発生の確率が高まっているといわれているにもかかわらず、本気でコストをかけてリスク回避を図ろうとする人は少ない。

世界には、中央アジアのように、ある日突然、はるか彼方に砂煙が上がったとたん、異民族の襲撃で皆殺しになるといった歴史に晒され、鍛えられてきた民族もある。こうした民族と日本人とでは「リスク」に対する考え方が根本的に異なるのは仕方のないことかもしれない。

しかし、日本列島がかろうじて東端に乗っているユーラシアプレートは、地球時間からすればもの凄いスピードで北上するフィリピンプレートに押し上げられ、その巨大なエネルギーが地震を引き起こしている（プレートテクトニクス論）。スマトラ沖津波もこの現象によって引き起こされたものだ。

ここまで地震発生の原因がわかっていながら、また、科学と技術、特にコンピュータ技術がこれほど進化・発展していながら、大地震を座して待つのは愚かなことである。科学と技術を駆使して「今、私たちは地震に対してなにができるのか」を真剣に問い直す必要がある。

◉——リスク回避にはまず危険性を知ること

リスクを回避するためには、まず、その危険性を知らなければならない。

一九九九年秋、トルコと台湾で相次いで発生した大地震は断層破壊によるものである。この地震危険性（地震が起こる確率と大きさの関係）については、現在のコンピュータを駆使した分析技術でも「いつ起こるか」を予測することは無理であった。しかし、少なくとも「起きたらどうなるか」の予測はできた。

高度情報処理に基づいたリスクマネジメント技術はまだ四半世紀の歴史しかないが、この技術の根幹は、過去の地震の事実をデータベース化することであり、コンピュータの得意とする分野だ。

地震によってもたらされる物的損失や業務上の損失を予測し、災害発生に備えて効果的な緊急対策を立案するために、リスクマネジメント技術を活用して地震への準備を進めるべきだし、その技術を私たちは手にしている。

◉——ロングライフビルにリスクマネジメントは欠かせない

建物そのものだけでなく、経営を守るという観点からも地震リスクは無視できない。

ましてロングライフビルともなれば、大地震に遭遇する確率は高くなる。リスクマネジメントと耐震性能はロングライフビルに不可欠な条件だ。

すでに、技術的には、五〇〇年に一度の関東大震災レベルの地震でも倒壊しない建物をつくることができる。

しかし、それで十分だろうか。

倒壊を免れたとしてもエレベータが走行できなくなれば、超高層ビルは巨大なスクラップと化すだろう。また、復旧に莫大な費用がかかれば、ビル経営が破綻する危険性もある。

●——ミニマムコストで再使用を可能にする

こうしたリスクを回避する方法として、揺れそのものを抑制・制御する免震・制震構造が普及しつつあり、損傷制御設計法も実用段階に入っている。

損傷制御設計は最大規模の地震に対しても、ミニマムコストで再使用ができることを目的に開発された設計手法だ。主構造（柱、梁）と耐震部材（制御ダンパー）を分離し、地震エネルギーを耐震部材で吸収させて主構造をダメージから守る。被害を受けても、壊れた耐震部材を取り替えれば再使用が可能になる。

障子にたとえれば、障子紙が制御ダンパー、桟が主構造。障子紙が破れて桟を守り、障子紙を貼り替えれば元通り使えるという考え方である。この方法の最終目標は、耐震部材を交換する費用を最小化し、その費用についてもカバーできる社会システムをつくることにある。

たとえば、三〇〇億円で建てたビルが一〇億円程度で修復できるようにし、その一〇億円も地震保険でカバーできるような仕組みである。

地震保険料は、設計、施工の信頼性と地震の発生確率から導かれる。そのため損傷制御設計法の理論が精緻化され、さまざまなシミュレーションによって検証されていけば、ミニマムコストでの地震リスクマネジメントが現実のものになる。

24 投資家からみた地震損害リスク

最大損失可能性（ＰＭＬ）を調べ、保険でカバーする

不動産投資市場が急拡大している。ＲＥＩＴの残高は六兆円を超え、収益の高いビルは市場から払底している。開発型証券化も活発化しており、リスクを分散する手法として注目されている。

国はＲＥＩＴを含めた金融商品の投資家を保護するため、「投資サービス法」を施行しようとしている。同法は金融商品のデフォルト（元本割れ）を厳しく規制する。当然、ＲＥＩＴのビルの耐震リスクも対象になり、これまでの"かなり怪しい"ＰＭＬ（最大損失可能性）も規制されるだろう。

ＰＭＬとは不確実性の高い地震の損失額を膨大なデータで確率分析し、指標化したもので、不動産に投資する際、地震リスクを予測するのに欠かせない指標である。

◉――デューデリジェンスの一環として地震損害リスクを調査

投資家が期待するのは、最小のリスクで最大のリターンだ。

しかし、リスクの予測が難しい。特に難しいのは地震リスクであり、海外の投資家が日本の不動産に投資する際に非常にナーバスになる部分である。確率は低いが、いったん発生したら多大な損失が予想されるからだ。

では、この問題にどのように対処しているのだろうか。

ある米国の投資会社は、物件をみつけるとデューデリジェンスの一環として、地震損害リスクの専門会社に地震発生時の損失額の調査・分析を依頼する。

地震リスクの調査コンサルタント会社は、投資対象物件の地盤や建物の耐震性などから最大損失可能性（ＰＭＬ）まで含めた詳細なエンジニアリングレポートを提出する。投資会社はＰＭＬの示す損失部分を地震保険で担保し、投資の安全性を守る。

従来の地震損害保険は保険会社が査定する限度まで付保しなければならなかったが、信頼できる機関がＰＭＬを客観的に分析していれば、損失部分にのみ付保すればよいという仕組みになってきている。そのため、投資会社は「調査費用がかかっても、信頼できる機関にＰＭＬを算出してもらい、地震保険の保険料を下げたほうが得だ」と判断している。

◉――ＰＭＬは購入価格を決定する重要な要素

ＰＭＬは購入価格を設定する重要な要素のひとつでもある。耐震性に問題のあるビルは、地震保険の保険料などの投資コストが高くなるため、投資採算が取りにくい。購入する場合は、ＰＭＬを根拠に値下げ交渉をする。

地震損失リスクを回避するために耐震補強をするケースもある。しかし、これも闇雲に行うわけではない。投資期間を想定したうえで耐震補強が得か、地震損害保険でカバーしたほうが得か、費用対効果を試算して判断し、耐震補強が有利な場合に目標値に沿った補強工事を行う。

なお、二〇〇〇年六月から建築基準法の規定として性能目標設計が施行されたため、公が決めた耐震性能の規定によらず、たとえば投資効果から耐震性能を判断して決定できるようになった。

◉ＰＭＬをもとにした合理的な投資判断

投資家にとって地震損害保険料は投資コストであり、投資利回りを左右する重要な要素である。まして日本の地震損害保険は付保率が低く、再保険コストも高いので保険料は割高であり、これが投資判断を左右するケースもある。たとえば、一般的にいって月額の地震損害保険料は坪当たり投資額の年二～四％。しかし、耐震性能に問題があり、ＰＭＬが高いと判断された場合には、保険料が坪二〇〇〇円を上回ることさえある。仮に平均月額賃料が二万円程度のビルで、保険料が投資額の年一〇％もかかるようでは投資採算が合わない。

投資家はこうしたビルには投資しないし、仮に投資する場合もＰＭＬを根拠にして相当に買い叩くことになるだろう。

また、キャピタルゲイン狙いの投資家は長期保有を前提にしないので、耐震補強をするより保険でカバーするケースが多い。当然ながら、ＰＭＬが低いほど保険料も安くなるため、耐震性能の高い建物に投資する。

◉地震損害リスクを保険でカバーするメリット

投資商品としてオフィスビルをみた場合、耐震性能は資産価値を大きく左右する要素である。

先に述べたように耐震性能の高いビルは地震による損失可能性が低いため、地震損害保険料も低くてすむし、リスクの低い投資案件として証券化などによる資金調達もしやすい。

しかし、日本のディベロッパーやビルオーナーの多くが調査費用や保険料を惜しんで調査や耐震補強をせず、保険にも入らず、リスクを放置している。

地震損害保険は、地震が発生した際の損失をカバーするだけではない。損失可能性の部分を保険で補完することでビルの資産価値が高まり、それを保有する企業価値にも好影響を与える。ＰＭＬの低いビルは直接金融からの資金調達も有利だ。こうした有形無形のメリットについて、ビルオーナーはもっと敏感になったほうがよい。

25 高い天井高と無柱空間で変化対応

長期的にみれば初期投資の増加分は吸収できる

築年数が古いビルでも、高い入居率を維持しているビルと集客に苦戦しているビルがある。立地や賃料条件が同じなら、骨格がしっかりしていて天井高の高いビルが有利だ。天井高のゆとりを利用してフリーアクセスフロアを設置している事例も多い。しっかりした骨格と空間的ゆとりが社会的陳腐化リスクをヘッジし、資産価値を維持することにつながったわけである。

将来にわたって資産価値を維持できるビルの基本条件は「自然災害、大地震に耐えうる耐久・耐震性」「無柱の大空間架構」「用途可変に対応できる階高」を備えた構造躯体といえよう。

◉――天井高二八〇〇ミリがほぼ定着

オフィスビルの天井高は、経済性や法規制などのほか執務室のグレードやアメニティの捉え方で決まる。天井高は時代が進むにつれて高くなっており、自社ビルでは特にその傾向が強い。しかし、その伸びもおおむね止まり、二〇〇〇年初頭以降はほぼ二八〇〇ミリに定着している。差別化を図るため、一部では三〇〇〇ミリを超えるケースもあるが、今後も二八〇〇ミリが主流になっていくものと思われる。

ただし、天井高はフロア面積の大きさでも変わる。

奥行二四メートル、フロア面積一〇〇〇坪を超えるメガフロアオフィスが出現しているが、こうした大空間では、天井高二八〇〇ミリでも視覚的にみて低い印象を受ける。フロア面積や奥行との視覚的なバランスも考慮して天井高を設定する必要がある。ちなみにドイツでは部屋の面積によって天井高を規定している。

国際化する企業活動や多様化するワークスタイル、設備の技術革新などを考えると、天井高のゆとりは有効なリスクヘッジになる。

グローバルスタンダードの視点と設備変化や用途変更への対応を考えた場合、スラブからの高さが三一〇〇ミリ（天井高二八〇〇ミリ＋OAフロア三〇〇ミリ）程度がひとつの目安になるのではないか。この程度のゆとりがあれば、高レベルの情報通信機能（サーバールーム）を要求するテナントへの対応や、床下空調の採用も可能であろう。

◉——無柱の大空間架構で変化に対応

天井高と同様、長く資産価値を左右するために欠かせない基本条件が無柱空間である。

従来の一般的な執務スペースは奥行一五メートル程度が多く、外周部に細かく柱を配置した架構（ベアリングウォール）や一般架構で無柱としてきた。しかし、最近では奥行二四メートルを超える大規模無柱空間オフィスも出現している。この場合は、耐震性からみて大組架構（スーパーフレーム）や制震構造、免震構造などを採用しているケースが多い。

大組架構は外周部の柱を少なくし、組柱に集約することで大スパンを実現する手法だ。大組架構には次のようなメリットがある。

・十分な階高とレイアウトフリーな大規模無柱空間ができる

・柱のないペリメーター空間が確保でき、大スパンの開口部が実現する
・床組構造がフレキシブルに架構しやすく、ビル内に多層多重の吹抜け空間ができる
・将来のリニューアルの際に、床組架構の撤去や取替えができる
・耐震性の高い長寿命建築が実現できる

大組架構や免震構造の場合、一般架構に比較して初期投資が割高になるが、ロングライフビルはライフサイクルコスト（ＬＣＣ）で捉えたい。

ＬＣＣでみれば、大組架構や免震構造は高い耐震性によって大地震時のリスクを回避できる。それだけでなく、建替えサイクルの長期化による追加投資の抑制や省エネ効果、メンテナンスコストやリニューアルコストの削減などにより、初期投資増加分を吸収かつ抑制でき、採算的にも十分に見合う計画となる。さらに制振機構を組み込むなどのコスト削減手法も考えられる。

ＩＴテナントの入居対応策として、サーバールームへのコンバートを前提とした重床荷重設定フロアを計画しておくことも有効だろう。

◉──吹抜けやアトリウムが新しい価値を生む

これからのオフィスにはコミュニケーションやアメニティが求められる。これを実現する空間として吹抜けやアトリウムの効用に目を向けたい。

数層単位でとったオフィス内吹抜けは視覚的な一体空間を生み出し、今後のオフィスに不可欠なコミュニケーション機能やリフレッシュ機能、アメニティを高める役割を果たす。こうした「ゆとりの空間」が、オフィスの快適性や

資産価値を高め、長く維持することにつながる可能性が高い。

たとえば、「汐留タワー」では、オフィスを二フロア一ユニットの吹抜け空間で構成し、内部階段を設置することで、コミュニケーションを取りやすく、アメニティを高めたオフィス環境を実現している。

26 収益力アップの設計手法

外部空間や共用スペースを有効活用する

オフィスビルの基準階プランは、専有部分のテナントスペースと共用部分であるコアスペース（廊下、階段、エレベータ、設備スペース、トイレ、湯沸室など）から構成されている。

収益（賃料）の源泉はテナントスペースであり、収益力を高めるという点からみると、コアスペースをコンパクトにまとめてレンタブル比を高めることが一般的な手法だった。

しかし、コアスペースはビル機能の維持や設備機器などの更新に重要な空間であるとともに、テナントの使いやすさや快適性を左右する空間であることを忘れてはならない。こうした要素を十分にカバーしながら、床面積に算入されない外部空間を活用してコアスペースの無駄を省く手法を考えてみたい。

◉——オフィスビルにも有効なバルコニー

「オフィスビルにバルコニー？」と驚かれるかもしれないが、バルコニーは床面積に算入されず、しかも次のような可能性をもっているおもしろい空間だ。

まず、屋外避難ルートとして内部の避難通路の面積をカバーすることができる。

次に屋外設備置場やメンテナンスルートとしても使える。

たとえば、個別空調システムの室外機置場になる。「セントラル空調＋個別空調システム」という組合わせにすれば、テナントはビル側が用意するメイン空調（セントラル空調）に制限されず、必要な時間、必要なだけ空調を使用できる。オーナーにとってはコスト削減になり、テナントにとっては空調時間や温度設定の自由度が増すメリットがある。バルコニーがあれば、こうした個別テナント用の空調システムの室外機を簡単に設置・増設・更新することができる。

このほかにもバルコニーを緑化したり、デザインを工夫することで外観に印象的な表情をもたせることができる。バルコニーは雨をしのげる軒先空間であり、開放的な雰囲気がある。ここに木質デッキを敷き、デッキチェアなどを設置すれば、喫煙や飲食などもできるリラクゼーションスペースになる。そのほかにも発想次第で楽しい使い方が生まれそうだ。

また、バルコニーは、外部に対して閉鎖的なオフィス空間と外部空間をつなぐ接点として、新たな活用方法が生まれる可能性も秘めている。将来、用途を変更する際にも役立つはずだ。

ロングライフビルを実現するうえで有効な仕掛けといえよう。

◉──設備システムの屋外設置を考える

バルコニー以外にも、屋上などの屋外空間にコア機能の一部を移すことでレンタブル比を高めることができる。たとえば、外部吹抜けを設け、各階にOA給気口を設置すれば、床面積に算入されないOAシャフトとして利用することもできる。

また、メインの設備機械を屋外仕様にして屋上に設置し、ビル内部はシャフトのみとする設計もできる。

中小ビルでは空調を天井マルチ方式にして機械室スペースを削減する方法もある。この場合、メンテナンスルートを確保することとデザイン処理に配慮したい。

また、コア内部に吹抜けをとり、配管や通信系のケーブルシャフトにする方法もある。

実際にあったケースだが、ある古いビルはビル内部を貫く吹抜け（中庭）空間があったため、ここの一階に機械室を設け、吹抜けを大きなシャフトに見立てて情報通信ケーブルなどの設備を充実させた。それによって、高いレベルの情報通信機能を求めていたテナントの誘致に成功している。

最初から設備の増設空間として吹抜けを設計したわけではなかっただろうが、社会的陳腐化を防ぐ有効な手段となったわけだ。

◉――共用廊下やエレベータホールにもひと工夫を

コアスペースの削減には、エレベータホールと廊下を兼ねたプランニングや、階段踊場からアクセスするトイレなども考えられる。

大型ビルでも共用廊下をとり、小割り対応プランにしているケースがほとんどだが、フロア単位で利用するテナントにはかえって使い勝手が悪い。一社にフロア貸しする場合には、廊下部分もテナントスペースに切り替えられるプランニングにしておけば、オーナーにとってはレンタブル比が上がり、テナントにとってはセキュリティや使い勝手が向上する。

◉――テナントの美意識や価値観に合致した設計とデザイン

最近、企業イメージ（ＣＩ）を反映させたオフィスを求めるテナントが増えている。ＩＴ化の進むなか、ワークスペース、ワークスタイルの変化に伴い、クリエイティブな環境づくりが要求されてきている。

また、環境会計に対する企業の関心も高まり、従来の標準内装のあり方や原状回復などが問題となっている。そこで、原状回復が少なくてすむ欧米型の六〇〇角グリッドシステム天井を採用するディベロッパーが増えている。開放的で眺望のよい開口部をもつビルもテナントに好評だ。

ここ数年で、オフィス環境以外の部分、たとえばエントランスやランドスケープ、ファサードデザインに対するオフィスワーカーの関心が高まった。共用部分のデザインや環境がテナント成約率に影響を与える時代がきている。ビルオーナーや設計者は、オフィスワーカーの美意識や価値観に敏感でありたい。

27 設備はどこまで装備すべきか

「設備もインフィル」と考え、更新性を高めたい

一五年ほど前、米国では深夜電力利用の蓄熱システムの設計のために優秀な技術者を集めたが、電力供給の自由化で事態は一変。州を超えてもっとも安い電力会社から購入できるようになったため、蓄熱システムの経済有利性が薄れてしまった。

この話の教訓は「未来は現在の延長線上にあるとは限らない」である。ロングライフビルであれば、こうした社会変化や技術革新に幾度となく直面する。近年、建築コストに占める設備の割合は年々高まっているが、それが回収可能な投資かどうかを慎重に検討する必要がある。

◉——エネルギー供給システムの現状

「未来は現在の延長線上にあるとは限らない」としても、現在のオフィスビルのエネルギー供給や設備機器の実態と方向性を知らないことには将来予測も立てられない。

エネルギー供給システムなどの現状をみてみよう。

現在、オフィスビルの空調方式はマルチパッケージエアコンシステムまたは冷凍機による中央熱源方式が主流だが、電気・ガス供給会社によるやや小型のエネルギー供給方式（地点熱供給方式）が提案されている。これは一般中央熱

源方式とほぼ同様であり、エネルギーコストも双務契約で協議できる。ただし、電気またはガスのエネルギーの選択権は供給側にあり、需要者側にはない。

また、政府は地球環境問題に対処するため、地域冷暖房熱供給システムの再開を推進する方向で動いている。同システムを導入すれば、ビルに煙突や冷却塔などが不要なので都市景観を損なうことなく、ヒートアイランドの防止効果もある。しかし、普及の大きな壁はエネルギーコストである。

地域冷暖房熱供給システムの熱販売単価の実績値は、平均で七・一円／メガジュール。一般ビルの中央熱源方式のエネルギーコスト（一～二円／メガジュール）と比較すると、三～七倍である。熱源の建設、保全、更新、修繕の各コストを考慮しても、ＬＣＣ（ライフサイクルコスト）で約七〇％のアップになってしまう。

地域冷暖房熱供給システムが個別のパッケージ空調機方式や中央熱源方式に対抗するには、未利用エネルギーの利用などによってさらに高効率化を図り、ＬＣＣＯ$_2$の一層の削減を図らなければならないだろう。採用に際しては、省エネ性とエネルギーコストの情報開示が求められそうだ。

◉――電気容量は増え続けるか？

オフィスビルの電気容量は今後どうなるだろうか。将来を予測するうえで、ＢＥＭＳ（ビルディング・エネルギー・マネジメント・システム）のデータがヒントになる。

図1はあるテナントビルの照明とコンセント負荷合計の数年ごとのデータ、図2は本社ビルの照明とＯＡコンセント負荷のデータである。いずれも二〇～三〇ワット／平方メートル程度が最大負荷であり、一般的設計条件の約七〇ワット／平方メートル（照明負荷約二〇ワット／平方メートル＋ＯＡコンセント負荷約五〇ワット／平方メートル）を大幅に下回っていることがわかる。

これらのデータから提言できることは、室内熱処理用空調機はOAコンセント負荷を五〇ワット／平方メートルとせざるを得ないのであれば、実態の一〇ワット／平方メートルで全体アンビエント空調を考え、それをオーバーする箇所にタスク空調を設けてはどうかということだ。省エネになり、エネルギーコストやメンテナンスコストも削減できる。

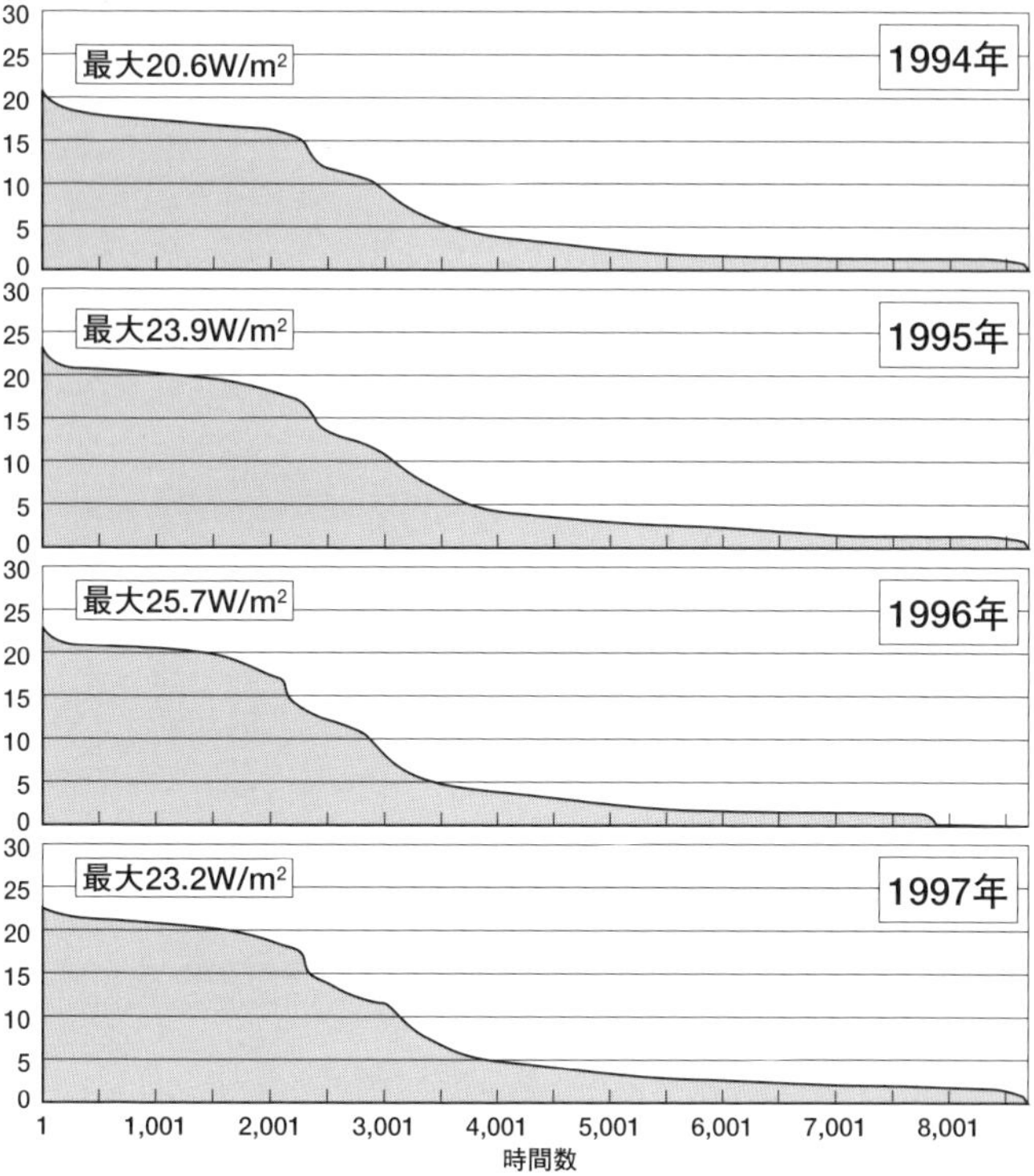

図1　某貸事務所ビル　代表年照明＋コンセント消費電力降順グラフ

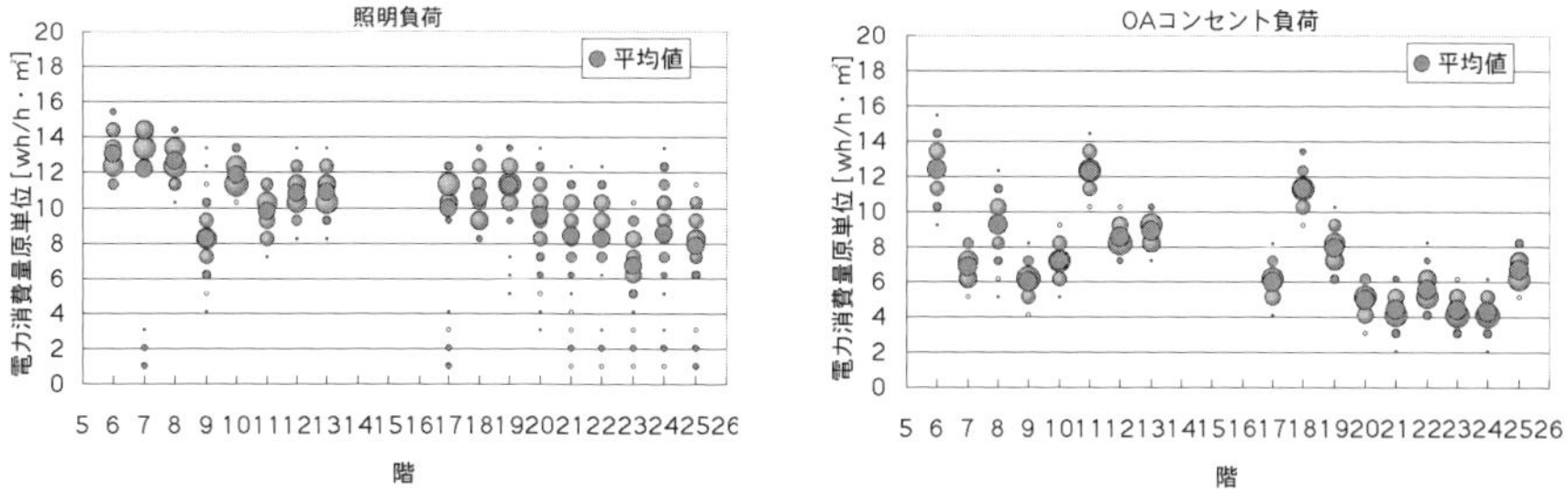

図2　某本社ビル　各階照明、OAコンセント電気負荷データ

◉ビル全体の熱源容量の実態

図3はビル全体の熱源容量の概念図である。

熱源容量は、ビル外皮（窓、外壁）からの外部負荷（日射・還流熱）、内部への電気入力量（照明・コンセント）と人体負荷、さらに室内環境のための換気負荷で捉えることができる。

この概念に基づくと、約六〇～七〇ワット／平方メートル程度の熱源容量で設計可能と考えられる。特殊な内部発熱負荷は、冷房専用の局所的タスク空調で対応すればよい。現在設計概算として使用されている値はかなりなオーバースペックであり、それが運転時の低効率化を招き、機器のメンテナンスコストを増加させている。

一方で、高度ＩＴ仕様のビルでは二四時間三六五日ノンストップの電力供給を求められるケースもある。二四時間型の情報サービスビジネスを展開する企業ではメンテナンスのための停止も許されず、自家発電設備、ＵＰＳ設備、場合によっては二系統の配電系統を要求されている。

さらにＩＤＣ（インターネット・データセンター）および、サーバーセンターの高電力、ノンストップ・ハイセキュリティ、各種リスク管理されたＩＴビルなども根強いニーズがある。こうした分野をターゲットにするならば、それなりの熱源容量や設備を装備する必要があろう。

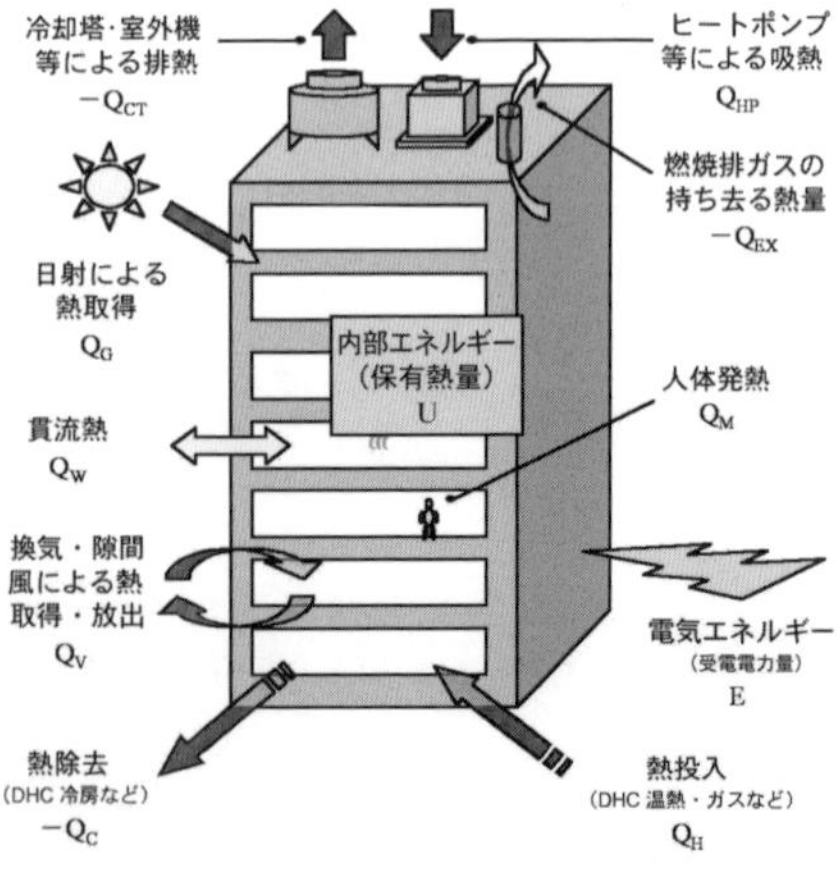

図3　建物全体を系とした熱収支の概念図（系へ投入される熱量を＋、除去される熱量を－で表す）

◉設備システムも時代とともに変わる「インフィル」

今までスケルトン・インフィルの設計思想の重要性を繰り返し述べてきたが、設備も構造と切り離して、時代の要請に応じて自由に変更ができる「インフィル」として考えたい。

最先端設備の搭載以上に大切なのは、あらゆる用途に対応できる階高や、設備機器の技術革新に対応できるゆとりをもった縦方向のシャフト、エレベータシャフト、階段の予備スペース、水平展開スペース、外部空間との接点といった構造躯体（スケルトン）をつくっておくことである。

構造躯体に比べれば、設備機器の寿命は短く、設備ごとに寿命も異なる。内装と同様に「設備もインフィル」と割り切ることで、更新の際に無駄な道連れ工事が発生しないように設計したい。これが投資効率の高いビルをつくるうえでの重要なポイントである。

そのうえで、素材にはスケジュール管、ステンレス管といった高耐久性材質を採用し、空調の冷温配管は密閉配管システムにするなど耐久性を高めたい。端末設備についても、内部のフレキシブル配管が交換できるサヤ管ヘッダー工法を採用したり、交換が可能なユニット化された設備機器を採用するとよい。

今後、業種や業務内容によって必要な電気容量、空調設備、情報通信設備、セキュリティなどの要求レベルの格差が開くものと思われる。設備の更新や増設が容易な設計にしておけば、テナントごとの要求に時間的にも経済的にも対応しやすい。こうした配慮こそ、真のテナントサービスにつながるだろう。

設備の省エネ化は今後も続く。改修やリニューアルの市場も拡大し、それに伴って設備技術も進化するものと思われる。

また、必要なところに必要な内部環境を提供できる「タスク&アンビエント」のコンセプトに沿った設備機器も開発されるだろう。

スケルトンの主配管・ダクトを利用し、快適な外気供給を補償したアンビエント環境と、水冷マルチパッケージのようにユニット化されたタスク空調の普及はすぐそこまできている。

28 消費電力二分の一ビルは可能だ

BEMSのデータからみた省エネ可能性

オフィスビルの消費エネルギーはまだまだ削減できることが、「BEMS」（ビルディング・エネルギー・マネジメント・システム）のデータからわかってきた。

BEMSは、エネルギー使用の実態と省エネルギー効果の確認、ビル運用の改善などの目的で、数年前から多くのビルに設置されるようになっている。これによって実際のデータが収集・分析され、さまざまな事実が定量的に解明されつつある。

BEMSのデータをもとに、ビルのエネルギー使用の実態と省エネ可能性について考えたい。

◉――自然換気で年間冷房負荷を約一〇～二〇％削減

従来のオフィスビルは外界から遮断して、機械力で最適環境をつくり出してきた。しかし、次世代ビルは自然力を活用して省エネを図りながら、心身ともに快適な環境をつくり出す方向に向かうべきだろう。春、秋の心地よい季節でさえ、外気を遮断し、冷房のなかで仕事をするのはナンセンスである。

もし、自然力を利用するとどのくらいの省エネ効果があるのだろうか。

二〇〇三年竣工の超高層ビルを例にとって検証してみよう。同ビルは吹抜けを利用した温度差換気と風利用による風力換気を行っており、BEMSを設置している。図1は換気効果のシミュレーションであり、図2は冷房削減効果のシミュレーションである。図3は二〇〇三年五月~二〇〇四年五月までの実際のデータであり、月ごとの自動ダンパーによる自然換気実行時間を示している。

春秋には自然換気が多く行われており、一〇月では四三%、四月で四〇%の冷房削減効果があり(図4)、年間を通じて約一四%の削減効果があったことがわかった。これらのデータから、自然

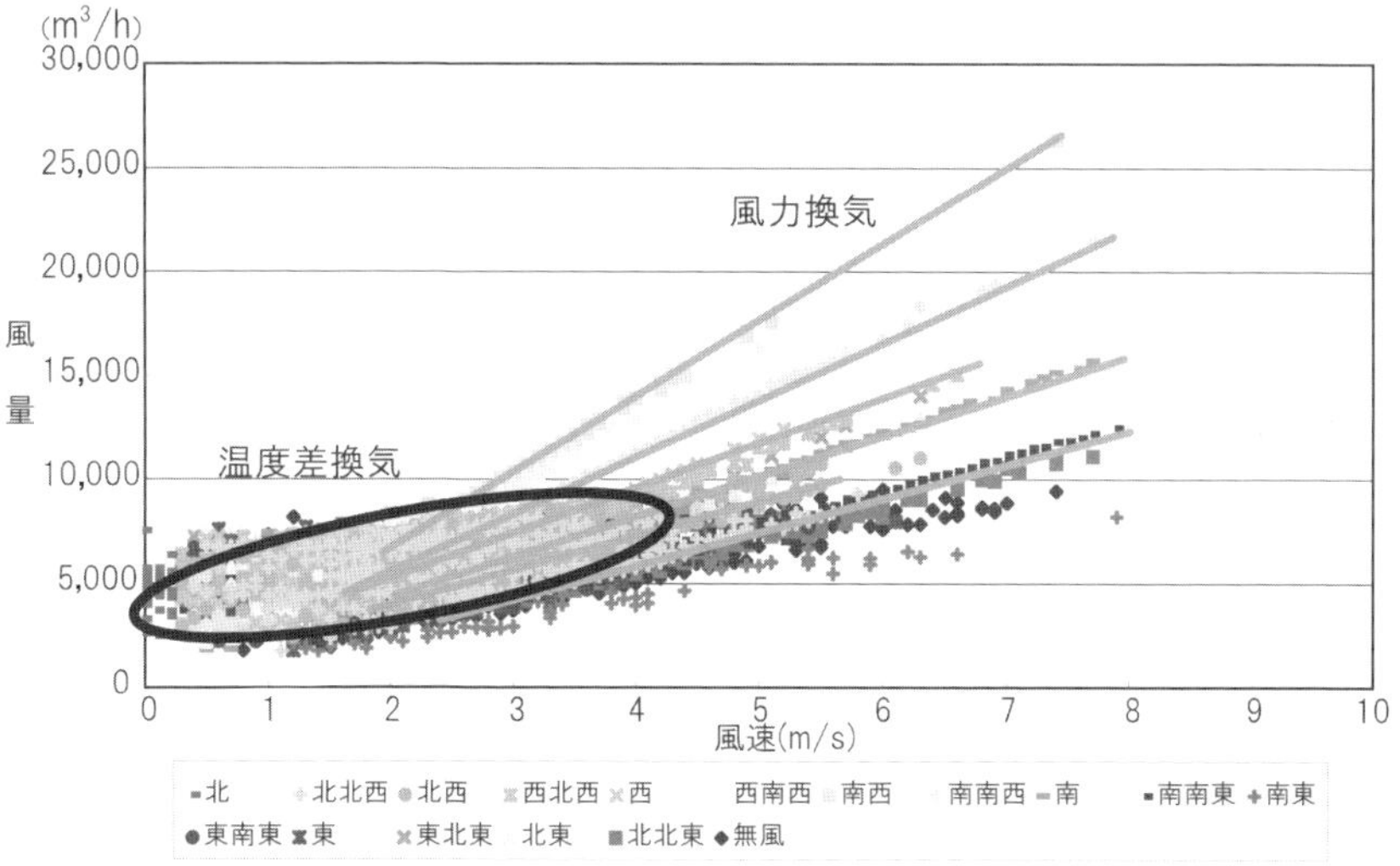

図1　外部風速と換気量の相関

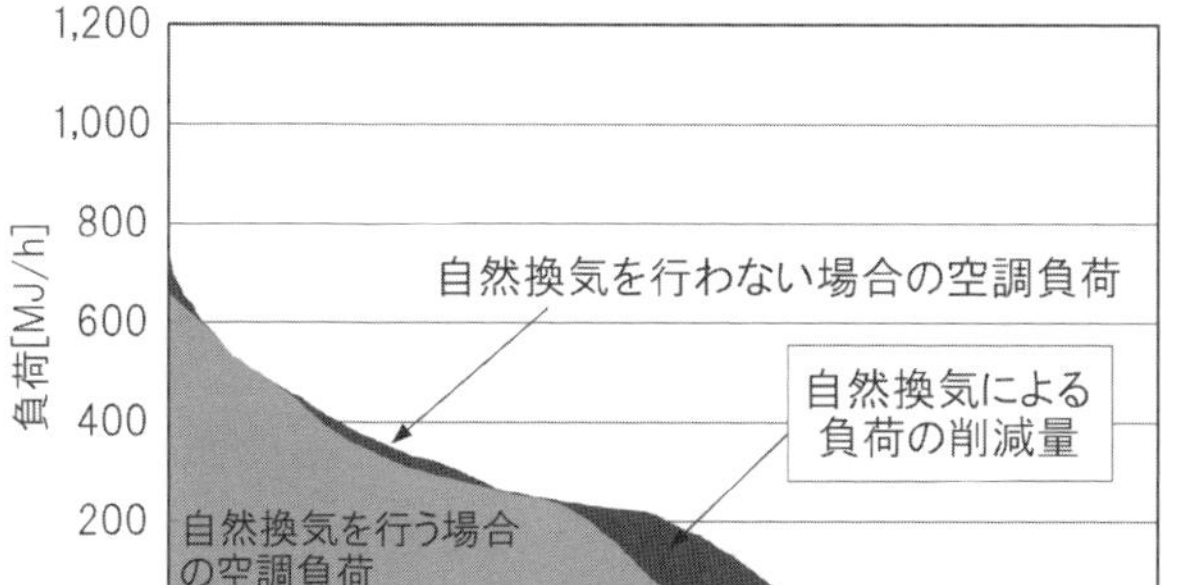

図2　冷房負荷の比較

換気導入による省エネ効果はおおむね一〇～二〇％と考えられる。

ただし、自然換気を導入するには窓側に気流・コールドドラフトが生じないような仕組みを講じることが不可欠である。開口部の開閉の仕組みや制御方法にはかなりの工夫が必要であり、経済採算性を踏まえて検討すべきだろう。

このほか、断熱性、放熱性を高めたり、照明の一部に太陽光を利用したり、庇や遮光ガラスで夏は強い日射をカットし、冬は日射を暖房に活用するといったことも考えたい。

設備と建築を一体的に捉え、設計段階からLCCなどの視点を取り入れて総合的な省エネ対策を講じてほしい。

◉――無駄の多いオフィス空調の実態

オフィスビルにおける一次消費エネルギーは、照明・コンセント用が約三三％、空調動力用約二七％、冷暖房用約

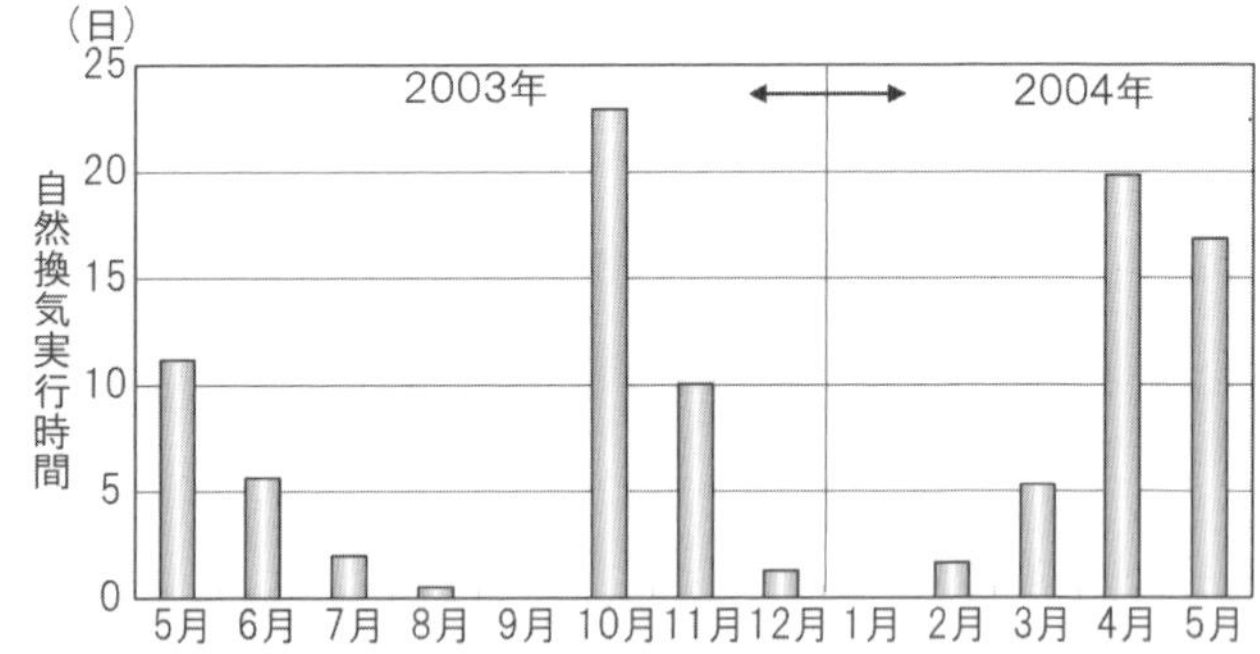

図3　自然換気実行状態

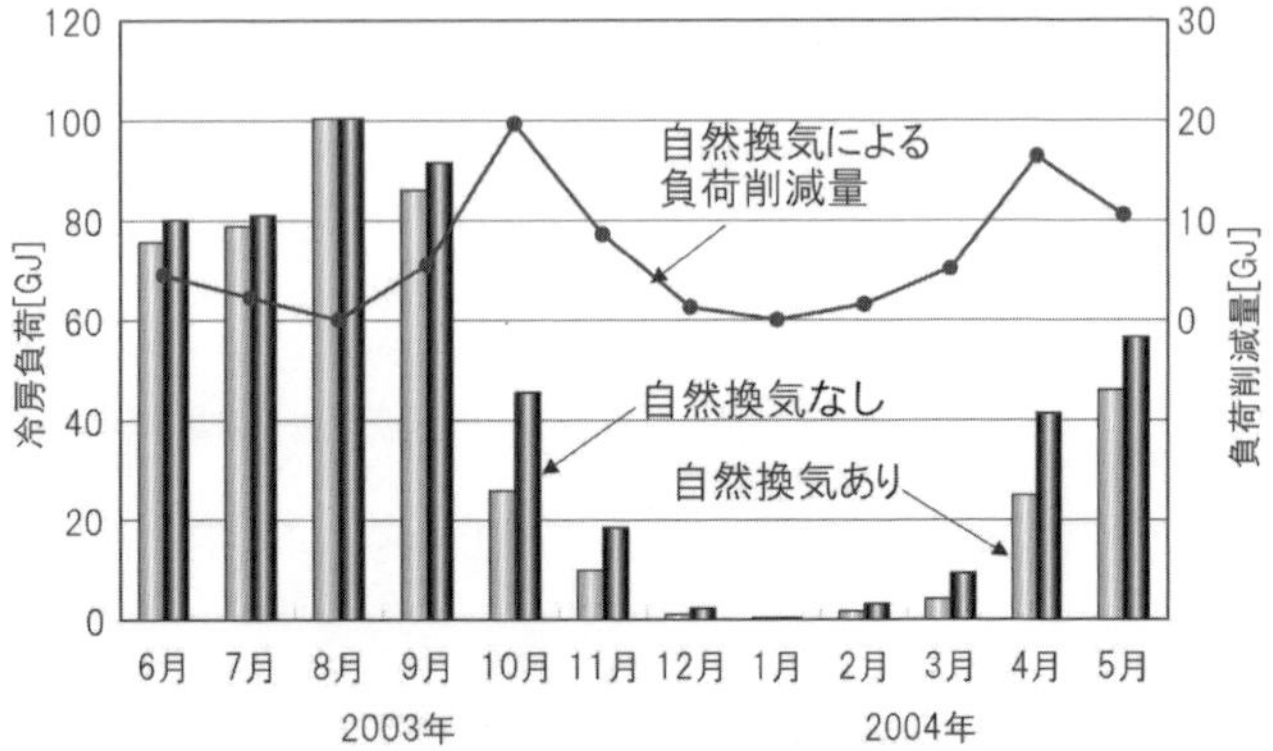

図4　シミュレーションによる冷房負荷削減効果の推定

二三％である。このうち照明・コンセント用はＯＡ機器の高効率化や待機電力カット、モニターの液晶化などで低下する傾向にある。照明機器もＨＦ型蛍光灯の採用で消費電力は低減できる。

問題は冷暖房と空調動力である。この分野の省エネ化はかなり遅れている。驚くべきことに、オフィスビルの冷暖房効率は家庭用の空調よりも劣っているのだ。

一例を挙げれば、建物全体の冷暖房運転の七〇～八〇％は、最大設計条件の二〇～三〇％であり、ほとんどが低負荷運転を余儀なくされている。その結果、空調機およびファンコイルの冷房用冷水の入口と出口の温度差が不十分の現象を招き、冷凍機に還流されている。冷凍機は不必要かつ効率の悪い運転を強いられ、冷水ポンプも必要以上の運転を強いられている。

こうした問題を解決するために、低負荷でも確実に温度差を保てる「還り温度補償型空調機およびファンコイル制御方式」が考案され、製品化されている（図５）。これは熱交換コイルを通過する空気量を、バイパスダンパーで可変することで熱交換量を制御する仕組みである。冷水弁は還り温度のみを制御するため、その温度を確実に補償することができる。

なお、ファンコイル制御方式も同様に送風自動運転と還り温度補償の小型熱動弁を使って省エネ効果を高めている。この空調システムは実用化されており、制御弁に関しては数千台の実績がある。

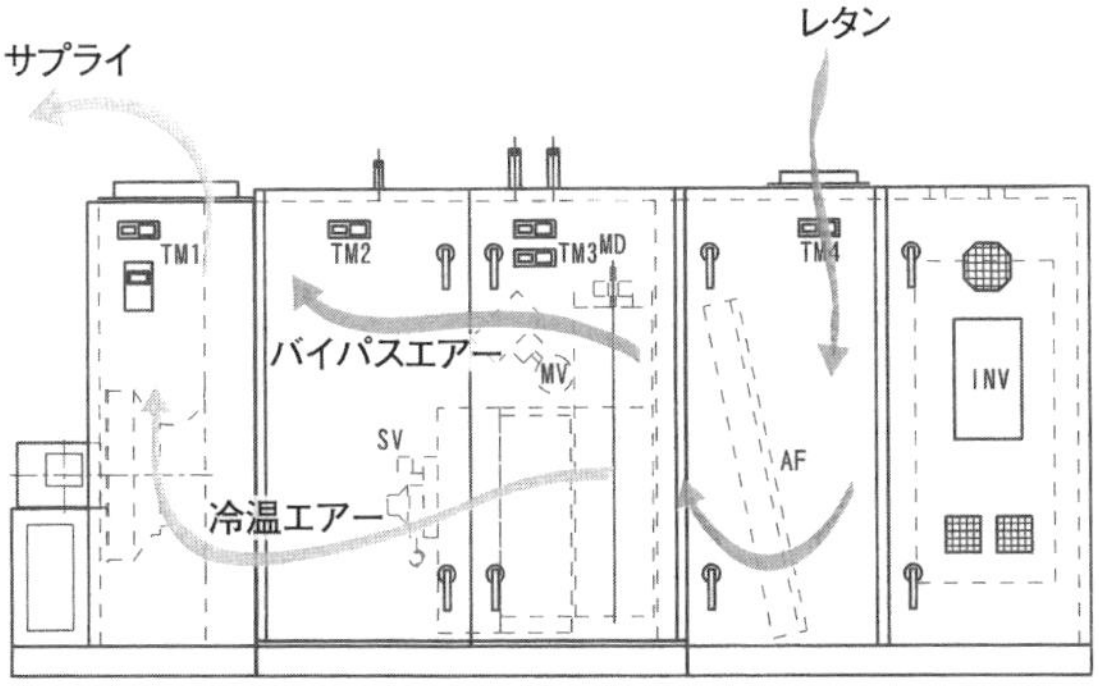

図5　新開発された「還り温度補償型空調機」

◉——ポンプ動力、冷凍機の省エネ対応

空調動力（ポンプやファン）にも改善の余地がある。

最近ではポンプシステム自体の問題も明らかになってきた。

図6は実際のポンプの運転状態だが、全体の揚程（圧力）を流量調整弁で下げて運転しているため、エネルギーロスが多い（図7）。事例でもポンプの仕事量はわずか一一・四％である。さらに低負荷率時の低流量対応制御を強いられており、温度差を十分に保てないために大流量を送水しなければならない。適正な運転とはほど遠い。

この状態を車にたとえると、巡航速度が時速一〇〇キロの車をブレーキで五〇キロに落として走行し、ギアチェンジをしないままブレーキでさらに低速走行させているようなものだ。

こうした問題を解決するポンプの制御方式もすでに考案されている。

また、冷凍機も空調機の温度差が不十分なために無駄な運転を強いられている。システムとしてみても、低負荷にもかかわらず、冷却水ポンプが一定運転されている。こうした無駄を省くため、冷凍機本体の冷水ポンプや冷却水ポンプなどに、イン

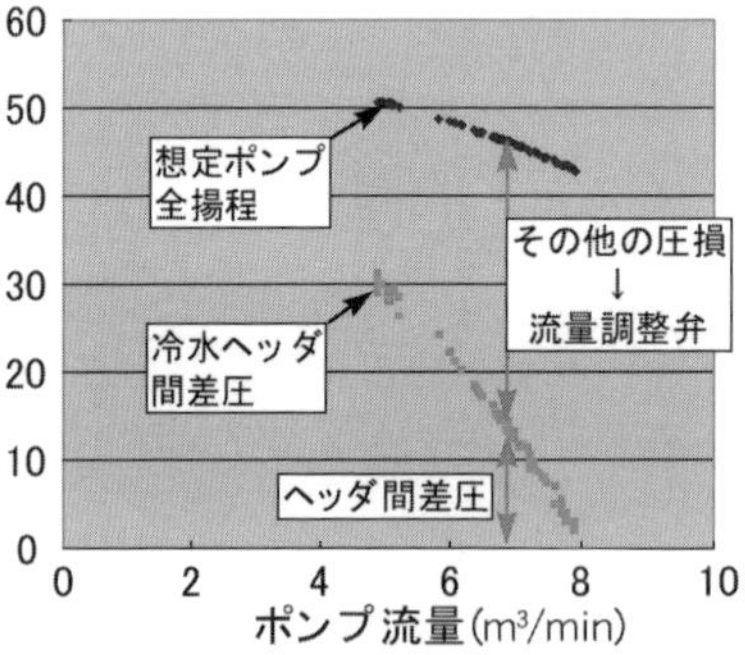

図6　某建物冷水二次搬送システムにおける
ポンプ流量・揚程・抵抗の関係

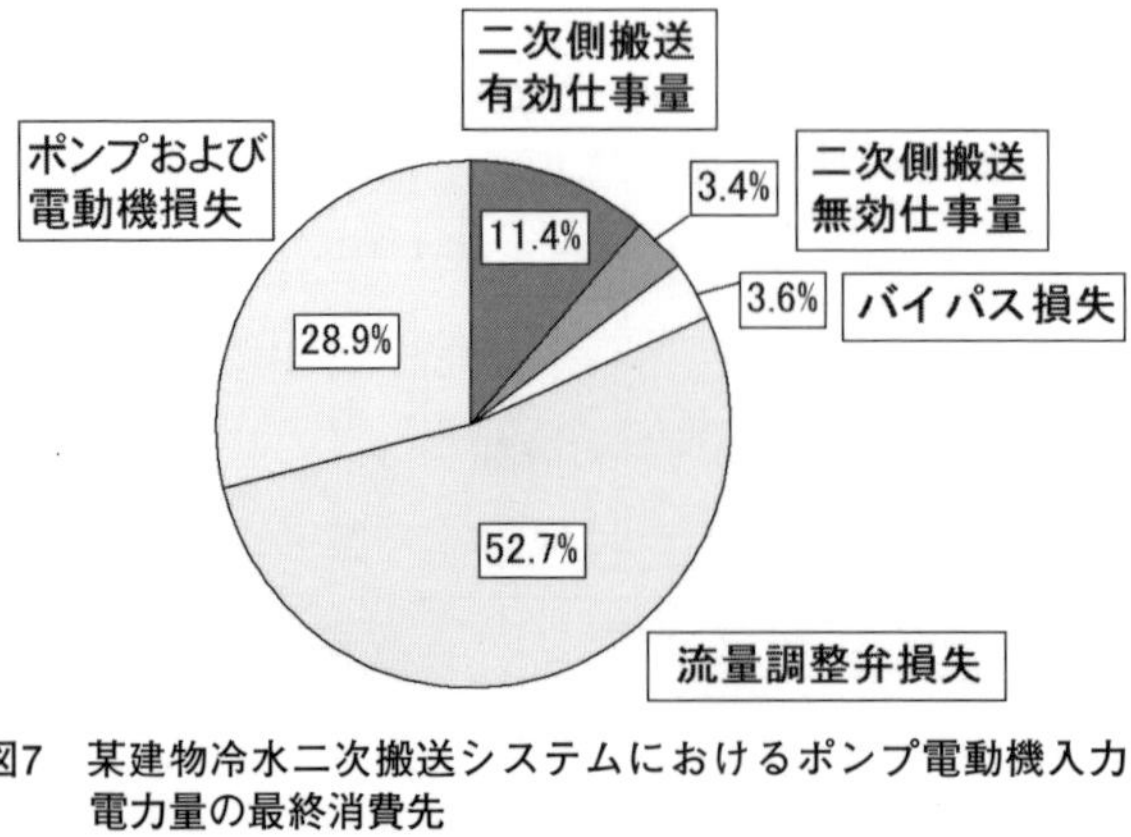

図7　某建物冷水二次搬送システムにおけるポンプ電動機入力
電力量の最終消費先

バータによる変流量対応機や高効率改善された機種が開発されている。

◉――個別対策からトータルな省エネ設計へ

以上、省エネルギー対策について、設備面からの課題の一部を紹介した。

最大の問題はこれらの相関関係を把握して、全体システムとしてトータルに考えた省エネ設計ができていないことだ。個別のシステムの高効率化には限界があるが、総合的な省エネ設計によって消費エネルギーを削減する余地はまだまだ十分に残されている。

すでに、そのための新技術は開発されている。しかし、建設コストが最優先されているため、せっかくの技術がなかなか採用されない。これは社会的にも大きな損失といえよう。コスト最優先の壁を突破すれば、消費電力二分の一ビルは十分に可能である。ＬＣＣ評価や設計手法の改善によって、新技術が取り入れられることを期待したい。

自動車ではエンジン側と走行状態の両面から省エネを進め、ハイブリッドエンジンまで開発されている。ビル設備システムもそれに倣うべきだろう。

コラム6

不動産証券化とは「不動産から得られる収益を受け取る権利を証券のかたちにすること」であり、格付け会社は証券発行の主体に関するデータをもとに、証券の安全性を判断する機関だ。ムーディーズ社を例にとり、格付けの基本的な考え方と参考にする資料・データをみてみよう。

不動産証券化を背景に格付け浮上

◇格付けの視点

格付けにあたって、格付け会社は「財務諸表」「鑑定評価報告書」「エンジニアリング・レポート（第三者による建物・設備の診断書）」「地震リスク報告書」「環境報告書」「賃料記録」などを参考にしながら、裏付け資産のキャッシュフロー分析を行い、市場サイクルを踏まえたうえで安定的かつ継続的に見込める収益と経費を検討する。

ネットキャッシュフローの算定は、（1）現行賃料より市場賃料を優先、（2）競合エリアの入居率を重視し、単一テナントの場合は退去リスクを高くみる、（3）管理委託手数料は市場レベルとし、委託先の代替も可能とするなど、建物・設備に関する評価以外は物件の現実より市場性からみた安定性に着目している。

格付けは現在のところ米国流のルールで行われ、地震リスクの捉え方などに日本の実態とは合わない側面もある。また、格付けは証券の安全性を判断するもので、ベースとなる不動産事業の有望性を評価するものではない。

しかし、不動産という個別性の高い商品を証券化する際に、格付け機関が（その背後にいる投資家も）何を重視するかを知っておくことは、ビル計画の立案や運営に役立つはずだ。

29 建築・設備のメンテナンスコスト削減策

ＬＣＣからみたコスト削減のポイント整理

図1のライフサイクルコスト（ＬＣＣ）の構成をみれば、メンテナンスコストやランニングコストの削減がいかに重要かが一目瞭然だ。

建設費が全体の一九％であるのに対し、水光熱費と更新費が同じくらいかかる。そのほか点検・保守費が一四％、警備費九％、清掃費九％、修繕費九％。つまり、日常の運営コストが少なくてすむ建築・設備にしておくことが、ビル経営を大きく左右するのである。

本書の他の項目と重なる部分があるが、建築・設備両面からＬＣＣ削減のポイントを整理しておく。

まず、設計段階で次のポイントを押さえておきたい。

1．長寿命かつ高耐久
2．更新・修繕の容易性
3．効率的維持管理（設備管理人員の削減）
4．省エネルギー運用

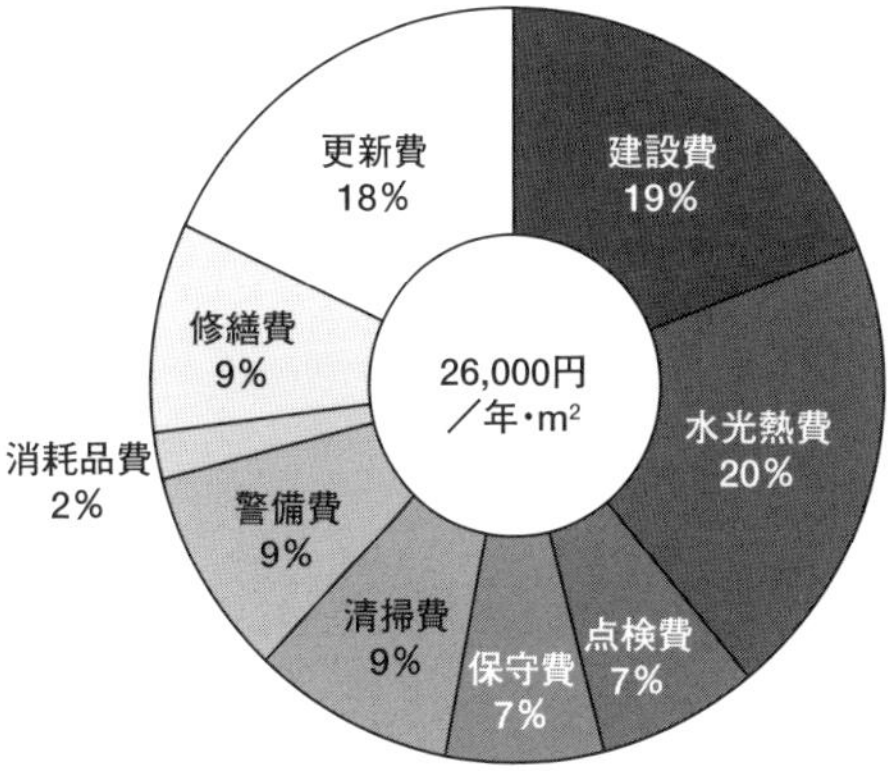

図1　ライフサイクルコスト

5. 汚れにくく清掃が容易な素材と設計
6. 警備の合理化（人件費の削減）

次に、それぞれの項目を実現するための建築・設備両面のポイントを挙げる。

1. 「長寿命かつ高耐久」のポイント

建築：外壁には自然素材の石張りや金属系カーテンウォール、内装には金属などの耐久性やリサイクル性が高い素材を使用するとよい。

設備：メイン配管にステンレスを使用。CAFMを利用した予防保全、日常保守点検の充実（不具合の早期発見・改善）による耐用年数の延長を図る。

2. 「更新・修繕の容易性」のポイント

機器搬出入スペースルートの確保、道連れ工事防止の計画、寿命の異なる機器部材の分離、交換スペースの確保のほか、テナントごとの単独改修工事が可能な設計にする。

建築：外壁のメンテナンスフリー化、ガスケット方式（オープンジョイント）の採用、汎用性が高く、部品などの調達コストの安い資・器材を採用、グリッド天井によるフレキシブル性の確保、ボイドコア・メカニ

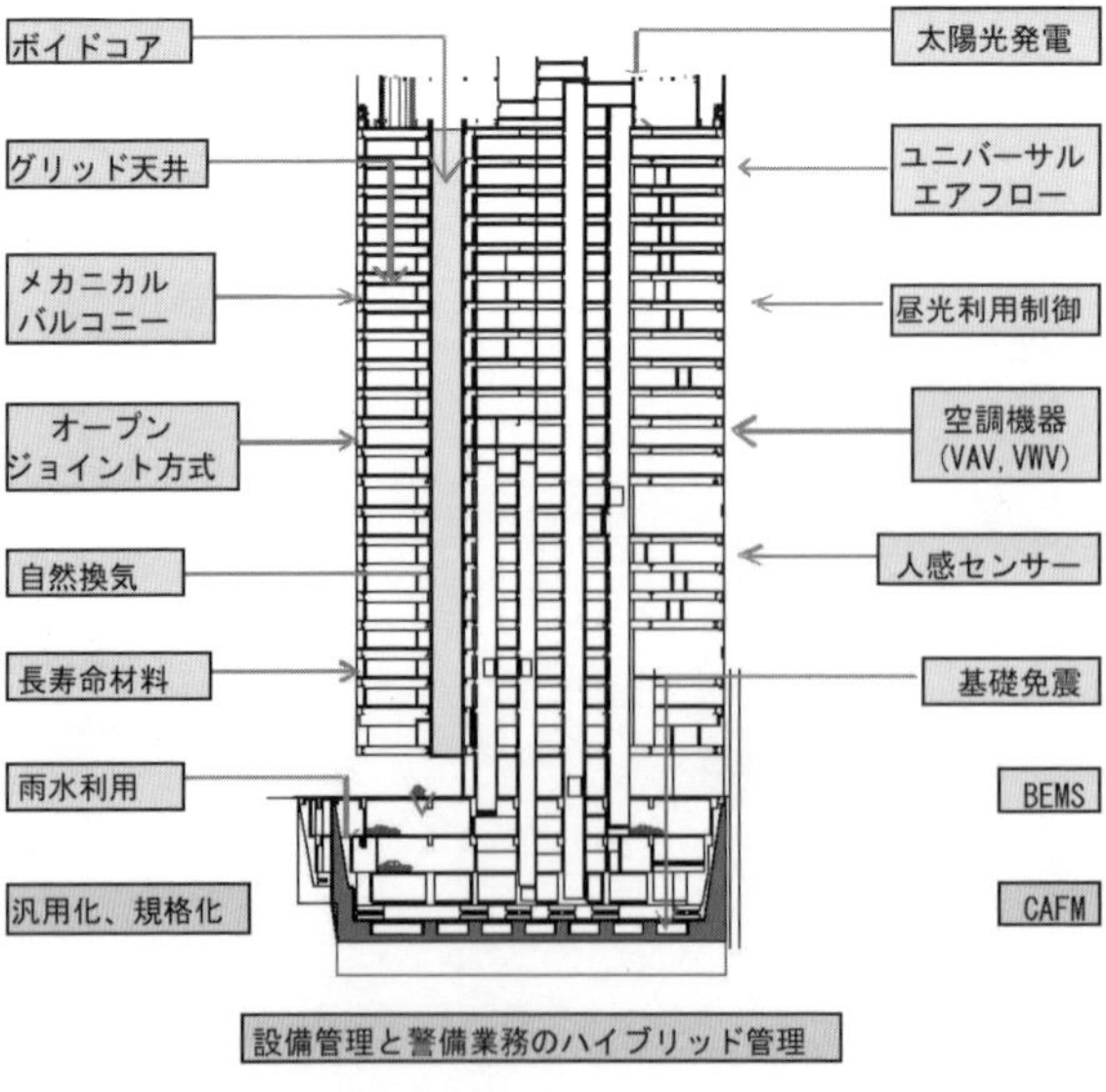

図2　LCC削減計画コンセプト

カルバルコニーの採用など。

設備：ペリメータレス空調の採用による機器台数の低減（これによって修繕費も削減できる）。大規模修繕時に更新しやすい個別分散空調機方式などの採用。

3.「効率的維持管理」のポイント

メンテナンスが容易な点検口の設置、メンテナンススペースの確保、テナントエリア外からのメンテナンス可能な設計とそれによるセキュリティの確保。CAFMによる日常管理業務の効率化。修繕履歴、図面情報、メンテナンスデータの蓄積による無駄を省いた管理。そのほか適正な水質管理による水処理剤（消耗品）の低減や、ペリメータレス空調採用による機器台数の低減とそれによるメンテナンスコストの削減、パッケージ機器採用によるメンテナンスコストの削減、有資格者を必要としない機器・システムの採用などが挙げられる。

4.「省エネルギー運用」のポイント

建築：断熱性、放熱性、ガラス仕様、ガラス面積率、日射遮蔽性・集熱性、換気性能を高める。

設備：昼光利用、高効率機器・システム利用、雨水・中水利用、安価な電気・ガスコストの適用、ベストミックス熱源方式の採用、BEMSによる最適運用（室内環境向上とエネルギーコスト最小化）などが挙げられる。

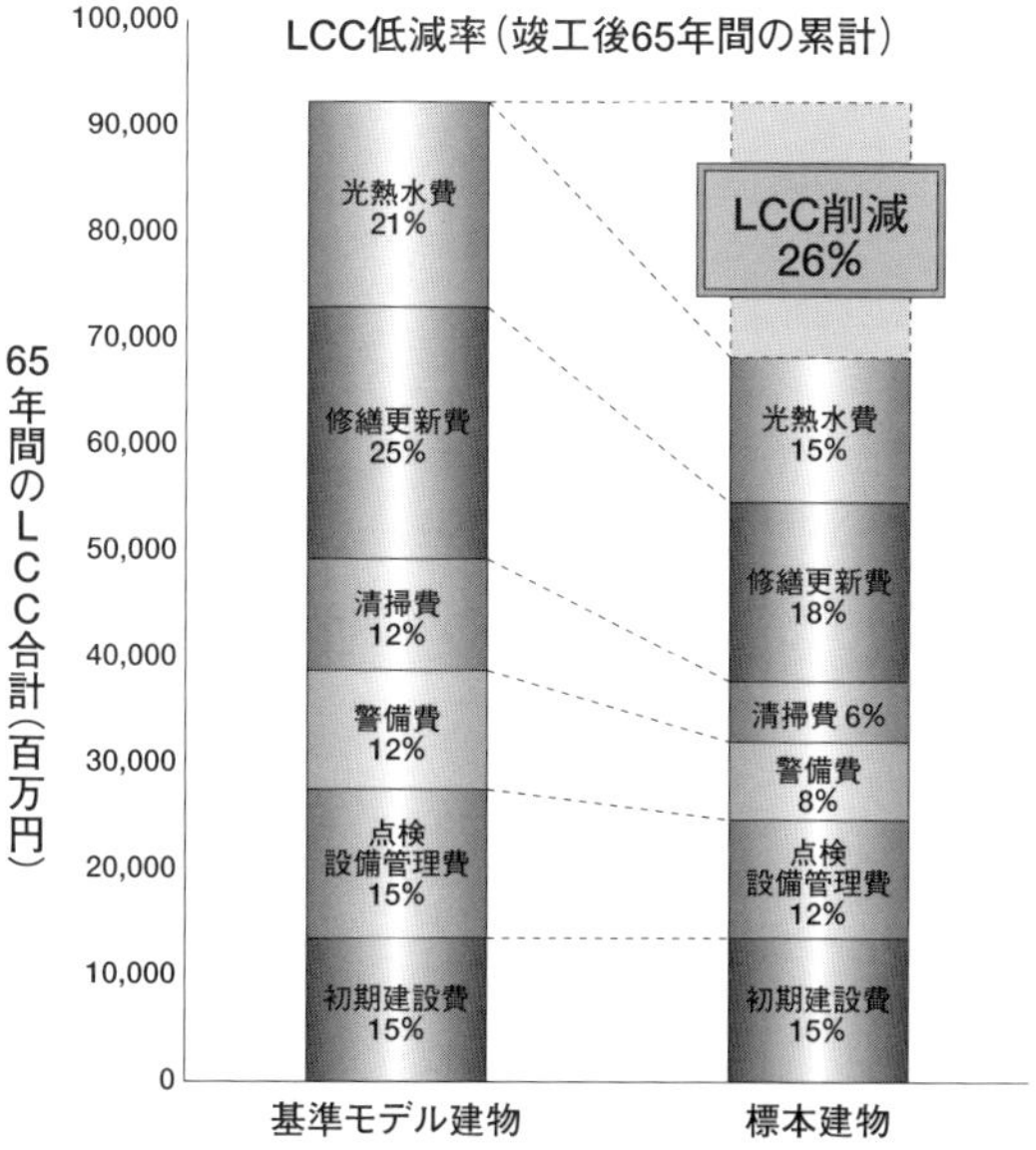

図3　LCC削減率（65年間）

5.「清掃費低減」のポイント

親水性タイル、光触媒コーティングガラスなどの採用、モニタリングによる合理的清掃品質の維持、無駄な清掃の防止、バルコニーの設置などによる清掃の容易性の確保など。

6.「警備費削減」のポイント

最新のセキュリティシステムによるマン・マシン一体化による合理化、効率的な人員配置など。

図2は、こうした考え方に基づいて提案した大規模複合ビルのＬＣＣ削減計画コンセプトであり、図3は削減率を示したものである。

第4章

テナントに喜ばれるオフィスビル

30 外資の常識、日本の常識

多国籍企業のオフィス戦略から学ぶ

オフィスビルのテナントは多種多様だが、ここでは世界市場を舞台に活動する多国籍企業のオフィス戦略を取り上げる。国際化と情報化を背景に、今後こうした企業が増加するだろう。彼らのオフィス戦略は、今後のビルづくりにも多大な影響を与えるものと思われる。

多国籍企業のオフィス戦略は大きく変化した。かつて日本に上陸した外資系企業は「○○ＪＡＰＡＮ」というかたちで、日本市場を対象としたオフィスを設けるケースが多かった。本社のコントロールは強いものの、基本的には独立した機能を備えていた。

しかし、情報通信の飛躍的な発展で、世界の市場はひとつになりつつある。

多国籍企業は世界市場を制覇するために、それぞれのもっとも強い分野の競争力を高める経営戦略をとった。それに伴い、オフィス立地戦略も国ごとに組織を置くやり方から、国境を超えて各機能の最適立地戦略を目指すようになっている。

◉──世界を対象にした最適立地戦略

具体的なケースでお話ししよう。

多国籍企業のA社が日本に研究開発施設を置いた。これは日本市場を対象にした製品開発を行う施設であり、そこで働くワーカーも極めて国際色が強い。

当然ながら、求められるビルの機能も環境もインターナショナルなレベルだ。A社は、日本企業のレベルからみれば莫大な費用をかけ、ワーカーが二四時間快適に働ける環境を整備した。ビルが二四時間使えることは当然だが、シャワールームまで新たに設置している。

日本人はこのオフィスをみて「贅沢だ」と驚くが、A社の経営陣は「有益な投資」と考えている。研究開発はA社のコアコンペタンスを左右する重要な部門。ここに世界中から優秀な人材を集め、彼らに気持ちよく働いてもらい、最大の成果を上げることが熾烈な世界競争に勝つ必須条件である。そのためのオフィス環境整備は必要不可欠であり、十分に有益な投資と考えている。

各企業が自らのコアコンペタンスを自覚し、これを高めようと考えれば考えるほど、その基盤となるオフィスの機能や環境は企業ごとに違ってくる。制約が多くて「万人向け」のオフィス空間しかつくれないビルは「およびでない」のである。

◉――「標準仕様」や「原状回復」は世界の非常識

日本ではいまだに多くの場合、標準仕様で内装を仕上げる。

テナントの希望で内装を変更する場合は、テナントの負担で工事を行う。退去する際にも、やはりテナント負担で入居前の標準仕様に「原状回復」することが求められる。

前記のA社の入居を巡り、こんなことが起こった。

ビルオーナーはA社が入居に際して全面改装をすることを知っていたが、今までの商習慣どおり、退去する企業に対して標準仕様に原状回復することを求めた。つまり、退去した企業が原状回復した標準仕様は一度も使われることなく、次の入居者であるA社の工事の際に廃棄されることになる。

この場合は、幸いにもコンサルタント会社がこうした事態を防いだが、これは氷山の一角。ほとんどの企業が標準仕様で満足していた時代には有効だった制度も、企業が自由にオフィス空間を創造していく時代にはむしろ障害となっている。

◉――プロの時代が日本の慣習を変える

多国籍企業は、世界で自分たちがやってきた方法を日本に持ち込んでくる。

彼らはコアビジネス以外の業務、たとえばファシリティマネジメントなどについては、信頼のおける専門家や専門会社にアウトソーシングする。

これらの意味することは、今後ビルオーナーが相手にする企業は、契約内容からオフィスの管理運営方法まで極めて専門知識に富み、かつ、世界中で進めてきたやり方で交渉してくるということだ。

彼らの視点を通してビル性能やサービス、管理運営体制を見直す必要がある。視点を変えれば、そこから日本のシステムのさまざまな問題点がみえてくるはずだ。原状回復制度、指定業者制度、管理運営体制、契約書など、日本では当然とされていたものを疑ってみる必要がある。

旧来のやり方を変えることは必ず現場の反対に合う。しかし、賃貸ビル収益の源泉はテナントが支払う賃料であり、それがビルの価値（売買価格）さえも決める時代に突入している。他の産業と同様、顧客満足度を高めることを最優先して、自己改革を進めていくしかない。

コラム7

現在、欧米で業績を伸ばしている企業に共通する特徴は「独創性」である。

経営そのものの独創性はもとより、オフィス環境やワーカーの服装・言動からも自由でのびのびした雰囲気が伝わってくる。オフィス空間もワークスタイルにも横並び意識は薄く、日本企業のような画一的なオフィスは見当たらない。

海外の成長企業の共通項

◇独創のオフィス空間

たとえばフィンランドのオフィスにはサウナがあったし、室内にも上手に木を取り入れていた。フィンランドに限らず、欧米企業のオフィスにはそれぞれの気候風土や生活様式、企業理念を見事に表現したオフィスが多い。

使われている素材やデザインもさまざまだ。意外に思われるかもしれないが、ヨーロッパでは床材にリノリウムがよく用いられている。リノリウムといってもデザイン性が高く、リサイクルもきき、耐摩耗性もあり、滑らない。清潔な素材として支持されている。

欧米ではワーカーひとりひとりが「気持ちがいい空間」を知っている。だから、オフィスの素材やデザインへのこだわりもひときわ強い。そこには生活文化ならぬオフィス文化が感じられる。

日本のオフィスも随分きれいになった。ただ、ワーカー自身の気持ちよさやこだわりとはリンクしていないケースが多い。「フリーアクセスフロア&タイルカーペットにグリッド式の天井」といった標準的なオフィスが日本の気候風土や生活様式、ワークスタイルにふさわしいかどうか、再考してみてはどうか。

31 FMの視点・接点をもつ

FMはつくり手と使い手を結ぶ「共通語」

オフィスビルはこれから新しい視点で評価され、選別される。

ひとつは3章で述べた投資家の視点、そしてもうひとつが需要者側の専門家の視点、つまりテナント企業のファシリティマネジャーの視点である。

ファシリティマネジャーとは企業の全施設を経営的視点から統括して管理運営する専門家だ。賃貸ビルとの関係でいうならば、各種の専門家の協力を得ながらビルを選択し、移転プロジェクトを統括し、ゾーニングやオフィスレイアウトを決め、入居後のワーカーの満足度を調査し、人事異動や組織改変に対応し、ビルオーナーや管理会社との交渉も行う統括責任者である。

日本企業は従来、総務部や管財部、施設部、営繕部などがオフィスの管理を担当していたが、体系だったマネジメント理論や管理運営マニュアルをもっている企業は少なく、ほとんどが理論より経験則で場当たり的に対応してきた。当時は施設関連費用を一元的に把握している企業はほとんどなかったが、ファシリティマネジメントの普及に伴って確実に増えており、ビルオーナーが施設管理運営のプロを相手に交渉する場面が多くなった。

◉——広がるファシリティマネジメント（FM）

ファシリティマネジメント（ＦＭ）とは「企業や団体の施設や環境を経営的な視点から総合的に企画・管理・活用する経営マネジメント手法」である。

ＦＭの対象範囲は不動産、建築、室内環境、情報化施設、財務といった施設全般にわたる。今までの日本のやり方と根本的に異なるのは「経営的な視点をもって」システマティックに管理・運営することだ。企業の施設・環境（ファシリティ）を「人、もの、金、情報」に匹敵する五番目の経営資源として捉え、「施設や環境の最適化を図ること」、端的にいい換えるならば「設定した目標に対して最小コストで最大の効果を上げること」を目的にしている。

日本に米国からＦＭが紹介されたのは一九八〇年代だが、当初は好景気を背景にしてオフィス環境改善運動が盛んだったため、「快適なオフィスをつくる」という面に関心が集まった。そのため景気後退でいったん普及は足踏みしたが、企業のリストラクチャリングやリエンジニアリングに不可欠な手法として、ＦＭの本来の目的である「設定した目標に対して最小コストで最大の効果を上げること」が見直されている。また、知的生産性の向上に向けて、ＦＭを導入する企業も増えている。

速度の経営、俊敏な経営が要求され、組織改変や人事異動のサイクルが短くなるなかで、効率よく快適な職場を実現するＦＭの役割は一層重要になっている。今後もＦＭ部門を充実させる企業がますます増加するものと思われる。日本でも一九九七年からファシリティマネジャー資格試験がスタートするなど、個々の経験則で行ってきたオフィスなどの管理・運営をマネジメント技術として確立し、内外のＦＭ専門家を企業経営に生かす動きが広がっている。

◉──ファシリティマネジャーは「歩く情報源」

外資系企業のファシリティマネジャーと接した経験をもつオーナーやゼネコンならばおわかりだろうが、広範囲な視点と知識、合理的な論理をもって自分たちの主張や要望をぶつけてくる代わり、論理的な説明にはきちんと耳を貸し、評価してくれる相手だ。手強い交渉相手であるとともに、信頼関係を築けば心強い存在なのである。どちらになるかは、ビルオーナーや管理運営側の姿勢や知識次第といえよう。

「テナント志向」を目指すならば、まず、ファシリティマネジャーと連携を保ち、信頼を得たい。ファシリティマネジャーは、その企業のオフィス戦略のもとになる経営理念から現場の声までトータルにつかんでいる。テナントが何を考え、何を希望しているのかを知るうえで、もっとも重要な「歩く情報源」なのである。

◉──新たな段階を迎えたテナントとオーナーの関係

米国ではビルの経営と所有の分離が進み、ビルオーナーや投資家に代わってビルの運営管理を担当する専門家、プロパティマネジャーが活躍している。ファシリティマネジャーと同様、管理運営を任されたビルが「最小のコストで最大の利益を上げること」を目的に、経営的視点からビルの運営管理を統括する専門家である。

日本でも不動産の証券化が進み、アセットマネジャー（資産運用代行者）やプロパティマネジャー（物件の管理運営代行者）が数多く誕生している。日本でいえば「ビル経営管理士」がプロパティマネジャーに相当する。「ビル経営管理士」の資格試験も行われており、ビル企画からテナント営業、日常の管理運営まで広範な知識をもつプロパティマネジメント（ＰＭ）の専門家が活躍している。

従来の構図は、ビルに関しては素人に近いテナントと大家さん感覚のビルオーナー、子会社のビル管理会社で成り立っていたが、三者の知識や意識には隔たりがあり、「共通の言葉」をもたなかった。しかし、これからは、テナント側のファシリティマネジャーとビル側のプロパティマネジャーが専門知識やデータを媒介にして、「共通の言葉」で交渉や調整をするという新しい構図へと転換していくだろう。

リストラやリエンジニアリングを背景にしたＦＭの普及や、不動産証券化などによる所有と経営の分離を背景にしたPMの普及によって、テナントとオーナー（投資家）、ビル管理運営担当者の関係は新しいステージを迎えた。

・ファシリティマネジメント関連協会団体
社団法人日本ファシリティマネジメント推進協会　TEL03-3523-2031
社団法人ニューオフィス推進協議会　TEL03-3553-3471
社団法人建築・設備維持保全推進協会　TEL03-5252-3873

・ビル経営管理士関連協会団体
財団法人日本ビルヂング経営センター　TEL03-3211-6771

32 重要度を増す電源セキュリティ

企業活動の中枢、情報ネットワークを守る

「このビルに予備電源スペースはあるか？」

最近、この種の質問が多い。特に外資系企業や情報ネットワークビジネスを展開する企業は必ずこの点を確認する。彼らは「情報ネットワークは生命線。自社のネットワークは自分で守る」という意識がたいへん強く、妥協しない。

社会経済活動のＩＴ化の進展やインターネットの普及・発展にみられるように、ＩＴへの依存度が増大しており、一般企業にも情報ネットワークは欠かせないものとなっている。一方で情報ネットワークが普及・拡大するにつれ、電源トラブルはサービス停止に直結し、損失リスクも増大している。

ビル事業を「テナントのビジネス活動を支援するサービス業」と捉えるならば、電源トラブルを防ぐ対策は欠かせない。

◉――ＵＰＳ、予備発電、分散給電方式でリスク回避

システムダウンの原因の約四〇％は電源トラブルといわれている。日本の電力供給の信頼性は極めて高いが、落雷などによる停電や瞬時の電圧低下は避けられない。

国内の送電線事故の八割は雷や氷雪、風雨といった自然災害が原因であり、その七割を落雷が占めるといわれてい

る。建物や設備への直撃を含めた落雷の被害総額は年間一〇〇億円を超えるといわれており、最近では特に一秒以下のごく短時間の電圧低下（瞬低）による被害報告が増えている。

一方、「緊急事態にも連続して安定した電源を確保したい」というテナントの要求は日増しに強くなっており、ビル選択の条件のひとつに挙げる企業が増加している。この傾向は今後ますます強くなるだろう。

ビルのインフラとして、信頼性の高い電源の選択や予備発電装置、無停電電源装置（ＵＰＳ）を設置する予備スペース、移動電源車の接続ルートなどを確保しておきたい。

ソフト面でも確実なメンテナンスとそのための技術者の確保が欠かせない。

ちなみに多くのサーバーやコンピュータシステムなどの装置は交流入力であり、テナントの要求は年々厳しくなっている。最近では電圧変動や停電、ノイズ対策としてＵＰＳを導入する企業が多い。ＵＰＳにはバックアップ用蓄電池が接続されており、停電などで予備発電装置に切り換える間や、法定点検時に電力を供給する。

一方、直流電力供給系は主に交換機や伝送装置、無線装置などの通信装置の電源として使われている。その故障は情報通信ネットワークに極めて大きな影響を与えるため、最近は分散供給方式が主流になっている。分散給電方式ならば故障範囲を最小限に抑え、多様化する需要に対しても増設などで柔軟な対応ができる。電源容量の最適化も図りやすく、コスト削減にもつながる。

◉──次世代の発電装置、マイクロ・コージェネ

ビルオーナーは、将来のエネルギー供給の動向や新技術の動向（燃料電池、マイクロ・コージェネ、マイクログリッドなど）にも関心を払うべきだ。

電気事業法の改正などで、数年前からエネルギー事業を巡る環境は大きく変わっている。法制度の改正と技術革新

によって電力供給の多様化が進み、割安な電力供給システムが登場しつつある。

近年、サーバーは高性能化・高密度化している。複数のサーバーやストレージがラックに収まって形成されるシステムが主流になっており、大量の電力を消費するサーバーが一カ所に集中して設置される傾向が強い。CPUの高性能化に伴い、消費電力は上昇し、一ラック当たりの消費電力・発熱量は三年間で約三倍にも増加している。ロングライフビルを企画するうえで欠かせない情報である。

エネルギー供給分野において、電力会社による系統電力からマイクロ・コージェネを使用した分散電源へ、さらには電力の地域自給を可能とするマイクログリッドなど新たな分散型電源も登場している。

マイクログリッドとは、複数に分散させた五〇〇キロワット程度の小さな電源間に、電力貯蔵システムや電力負荷設備などを加えてネットワーク化し、ひとつの集合体として基幹電力系統に連結する発電方式である。

すでに、エネルギー産業間の競争は激化している。これはユーザーにとっては歓迎すべき話だ。電源供給の多様化や競争の激化が電気料金のダウン、サービスの向上につながる可能性が高い。

◉——災害時に電力設備を守る対策は万全か

地震、火災、雷など災害への対策も欠かせない。

災害時の停電対策は前述のとおりだが、緊急に電力を供給する移動電源車の接続ルートも確保しておきたい。移動電源車の容量は現在三〇～一〇〇〇キロVA程度だが、二〇〇〇キロVAの移動電源車の開発が進んでいる。

地震時の予備電源装置などの倒壊を防ぐ対策や、雷害を防ぐ対策も不可欠だ。

最近の装置は低電圧作動の電子部品が多く、電力線や信号線からの雷サージで故障や誤動作が起こる危険性が高い。絶縁トランスの導入や雷防護部品の採用、接地系の連接などが欠かせない。

火災対策としては、装置自体はもちろん、高調波電流の発生によるトランス、コンデンサー、リアクトルの過熱や焼損を防止する対策が必要だ。

具体的な対策技術は専門家に任せるとしても、ビルオーナーは「テナントのビジネスが一瞬の遅滞なく行われる環境を提供する」という姿勢と、そのための投資を惜しんではいけない。高度情報社会では電源のセキュリティが非常に重要な要素であり、その安全を守るための投資はテナントの評価というかたちで戻ってくるはずだ。

33 テナント決定後に内装工事を

仮使用承認制度でコストと資源の無駄を省く

完成間際のビルを前にして、すでに入居を決めたテナントがビルオーナーに、

「完成後すぐに入居したいので、当社の仕様で内装工事を始めたい」と申入れた。

しかし、オーナーは、

「まもなく竣工しますので、それから標準内装を壊して工事をしてください」と申入れを拒否。こんな会話が日本ではいまだにまかり通っている。

テナントに五月雨式に内装工事を許可していては完成検査が受けられないという理由から、一般的にオーナーは完成の数カ月前からのテナント工事を許可しない。

しかし、完成検査までの数カ月が一番テナントが決定する時期であり（図1）、テナントが独自の内装工事を行ううえでもっとも合

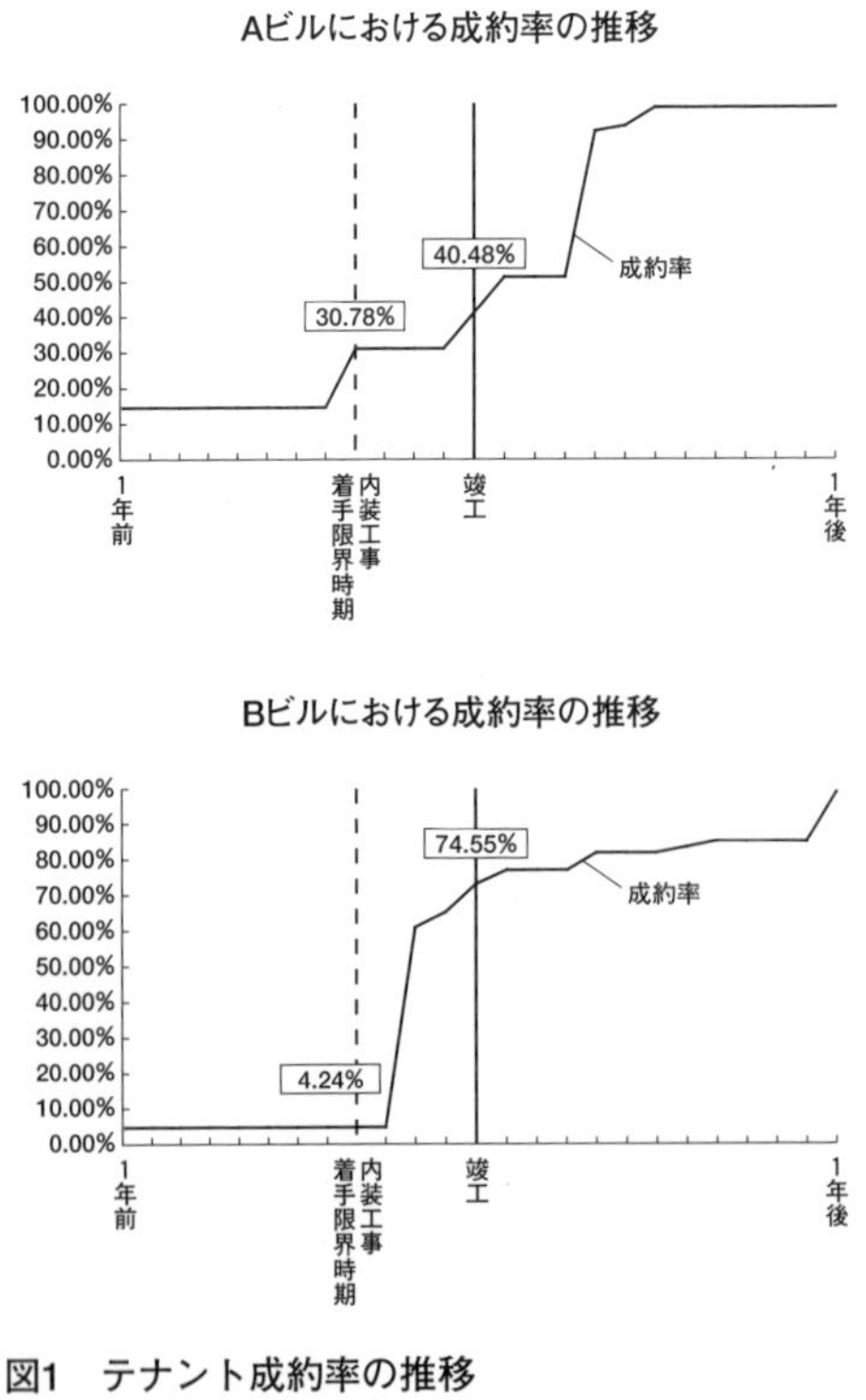

図1　テナント成約率の推移

理的なタイミングなのである。

◉――運用改善された「仮使用承認制度」

完成検査の前に内装工事をする方法としては「仮使用承認制度」がある。

一九九七年、当時の建設省（現在の国土交通省）は建物の完成検査に関する規制緩和策として、新築ビルでテナントが決まり、その部分の内装工事が仕上がっていれば、完成した部分から使用を開始してもよいという「仮使用承認制度の弾力的な運用改善」の通達を出した。

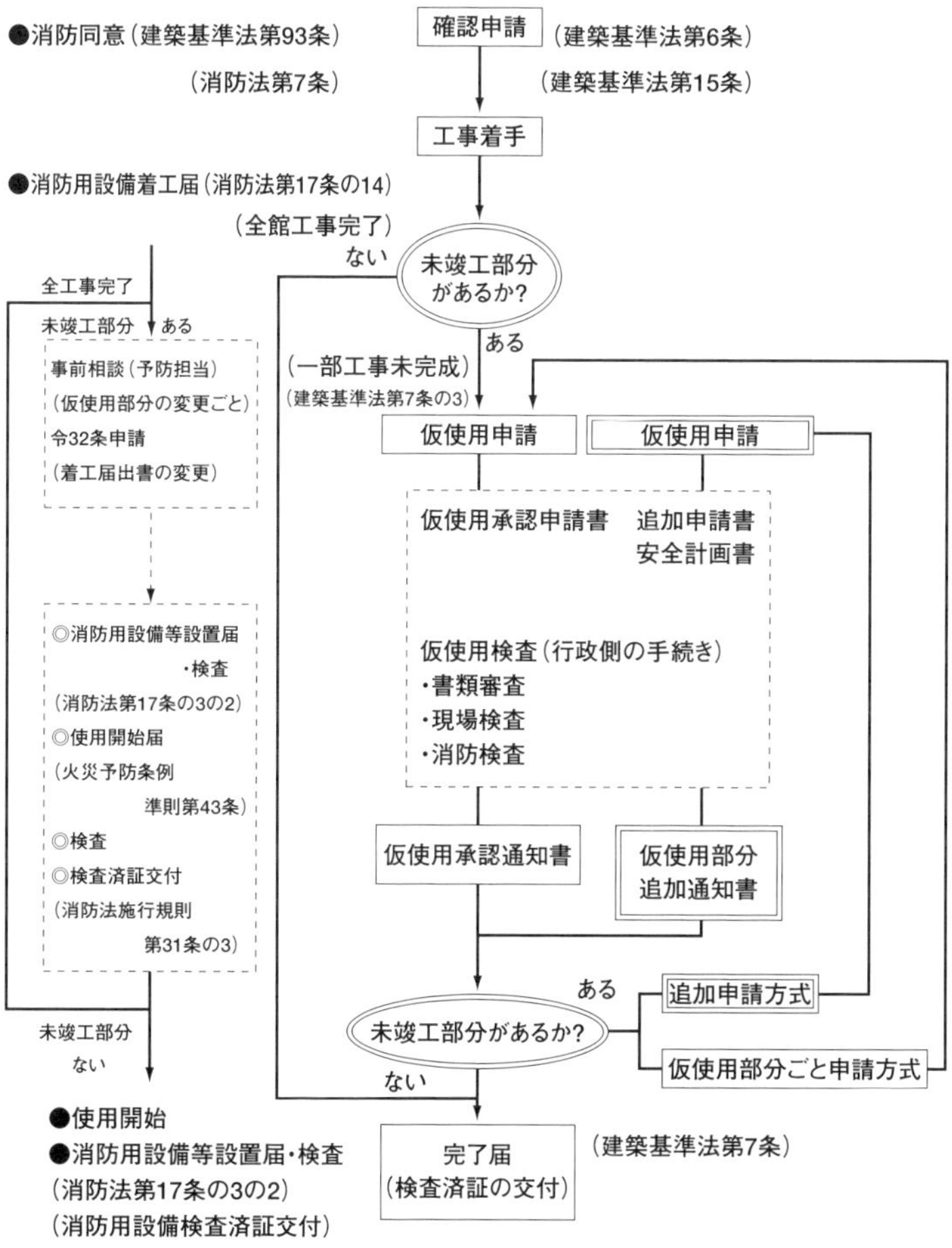

図2　仮申請承認制度のフロー

手続きとしては、最初にテナントが決まった部分について「仮使用申請の承認」をもらい、その後にテナントが決まった部分についても「追加申請」で使用が認められる。同時に仮使用承認制度使用の期間も二年から三年に延長されている。

これに呼応するかたちで、二〇〇〇年三月、当時の自治省消防庁（現在の総務省消防庁）も未仕上げ部分の消防設備の設置について弾力的な対応を決定した（図2）。

また、電気事業法も二〇〇〇年七月に新築通電前の自主検査方式になり、未仕上げ部分に照明器具など最終機器が装備されていなくても、受電・通電が可能になった。

仮使用承認制度を使えば、建設中に入居が決まったところから甲（貸主）工事と乙（借主）工事を同時に進めることができ、貸主が仕上げた標準内装を壊して乙工事をするという二度手間と未使用廃棄が避けられる。二重にかかっていた工事費用を相殺することによってテナントの工事費の負担を減らすことができる。

また、退去時の原状回復についても金銭清算ですませる方法がある。テナントが標準内装に原状回復する費用を金銭で清算したうえ、実際の工事は次のテナントの入居工事と同時に行えばよい。

◉──検査済証の意味はどこに？

ビルオーナーは「検査済証」を絶対的なものと考えがちだが、検査済証をもらわないまま仮使用承認だけで建設会社からの引渡しや建築費の清算、建物の登記や金融機関からの最終融資まで実行できる。

建物の登記は検査済証に代えて建設会社に支払った領収証の写しで用が足りる。金融機関からの最終融資も確認申請どおりに建物が完成しているか、「目視」で確認して実行される。建物の安全性については、それぞれの仮使用承認通知書をテナントに示すことでクリアできる。

要は工事責任が明確になっていれば、なんら問題はないわけである。

こうした場合の工事責任が明確になるように民間連合協定工事請負契約約款も改正され、第二四条の部分使用（発注者が工事中に一部を使用する場合の規定）、第二五条の部分引渡し（工事中に発注者が一部の引渡しを受ける場合の規定）の手続きが明確化されている。

大規模開発で複数のオーナーが存在する組合方式などでも、従来の検査済証に代わるこれらの仕組みを活用することで、責任問題を明確化させることができる。

◉――最大目的はテナントの選択肢の拡大

仮使用承認制度を活用する最大のメリットは、テナントが決まってから内装工事ができるため、テナントの求める個性やクオリティをオフィス空間に反映しやすいことだ。一般に「スケルトン貸し」には「粗壁貸し」のイメージが強く「日本では無理」と否定されることが多いが、「テナントの選択肢を広げる手法」と捉えてほしい。

ひとくちにスケルトンといっても、店舗のような粗壁状態で貸すフルスケルトンから、床だけを仕上げないで貸す方式、天井の一部と床を仕上げない方式まで、さまざまなバリエーションが考えられる。

フルスケルトン貸し（コア＆シェル）が中心といわれている米国でも、現実には「ビルディングスタンダード」と呼ばれる標準仕様をビル側で用意している。ただ、日本の標準内装システムと大きく違う点は、テナントが決定してから工事に着手することだ。テナントの希望でアップグレードする場合は差額をテナント側で負担する。

また、近年では、ビルディングスタンダードの内装予算に相当する金額をあらかじめ決めておき、その予算内でテナントが自由に工事をしてから、支払いルールに基づいてビル側に請求書を送付する「キャッシュ・コントリビューション」という方法が主流になっている。

もともと欧米のような長期契約を背景にして考えられた仕組みであり、不動産に関する法律的な違いもあるが、「テナントの自由度と選択肢を広げる」ことに眼目を置くならば、日本に合った方法で、テナント決定後に内装を仕上げる手法が工夫できるはずである。

日本版「コア&シェル」の森ビルモデルを第52項で詳しく紹介しているので、あわせて参考にしてほしい。

参考資料　『工事中建物の仮使用手続きマニュアル』財団法人日本建築防災協会（電話：03－5512－6451）

『工事請負契約約款の解説／民間連合協会』株式会社大成出版社（電話：03－3321－4131）

コラム8

インテリアプランナーの時代

◇建築とインテリア

一九八七年、旧建設省（現・国土交通省）はインテリアプランナー資格制度を創設。現在、全国で一万五〇〇〇人がインテリアのプロとして、オフィス、ホテル、商業施設、学校、工場、住宅、公共施設などで活躍している。

二一世紀は「環境の時代」であり、「インテリアの時代」だ。

スクラップ&ビルドからストック&リノベーションの時代に入り、優良なストックを有効活用する技術が求められている。ストックを"美しく甦らせる"リニューアルは、インテリアプランナーのもっとも得意とするところである。

また、社会の多様化に伴い、日々の生活や仕事の場が重視されるようになり、インテリア設計レベルで解決すべき課題も増えている。建築界もインテリア設計の重要性を認め、独立した別部門を設けたり、別組織化が進んでいる。

オフィスにおいても建築計画の初期段階からインテリアプランナーが参加し、プロジェクトを進める必要性が高まっている。

時代やテナントのニーズに合わせ、建物の魅力と価値を高める役割を担うインテリアプランナーの活躍に期待したい。

建築家とインテリアプランナー、同じような職業のようだが、中身はかなり違う。「インテリアアーキテクト」「インテリアデザイナー」「インテリアプランナー」と呼び名は違うが、インテリアプランニングにおける企画・設計・監理を行い、インテリアに関する知識と技術に習熟した専門家である。

34 顧客満足度の落とし穴

変わるもの、変わらないものを見極める

すべての産業で顧客満足度（ＣＳ）を高めるための取組みが行われている。もちろん正しい方向ではあるが、「顧客が判断できる範囲や視野は意外に狭い」という点に注意したい。

アンケート調査などで捉えられる傾向は、あくまでも顧客の現状のニーズであり、「これを満たせば将来にわたってＣＳは高まる」と考えるのは危険だ。

たとえば、一世を風靡したソニーの「ウォークマン」は、顧客ニーズが先にあったのではない。製品が「歩きながら音楽を聴く」という新しいスタイルを創り出したのだ。小さなカードに一〇〇〇曲以上も収録できる「ｉｐｏｄ」も、顧客の予想を超えた「自由」を提供することで新しい市場を生み出している。これらはプロの先見力や直感力、技術力が生み出したものだ。

◉――情報通信技術の技術革新に振り回されない

オフィスビルにおいても、現状の顧客ニーズを鵜呑みにしてスペックを決めた結果、技術革新やニーズの変化などで無駄になったり、莫大な維持費用がかかったり、機器更新などの再投資が嵩んで経営の重荷になっているケースは少なくない。

現在、オフィスビルの必須条件といわれている六〇ボルトアンペア／平方メートル以上の電気容量やOAフロア、机上面での七五〇ルクス以上の天井照明、コンピュータの最大発熱量に合わせた分割空調、高度な全館一括のセキュリティシステムなども、長期的な視点でみると「?」マークがつきそうだ。

特に情報通信分野の技術革新はめまぐるしく、五年周期で全取替えというレベルだ。コンピュータが「軽・薄・短・小で安価」という進化パターンを踏襲するのは明らかである。情報セキュリティを意識した企業向けのコンピュータシステムは、デスク上はオフィス用のサーバーと直結した薄型液晶画面とキーボードだけというシステムが注目を集めている。

さまざまな技術革新によってビルに求められる電気容量や空調能力も変わり、照明やOAフロアのあり方も変わる。ビル側の防衛手段として、大きな再投資をせずにOA機器の技術革新やテナントごとのOA機器スペック差に対応できる仕組みを考えておかなければならない。

◉——CSを高め、陳腐化リスクを回避する仕組み

変化に振り回されずにCSを高めるには、「変化の激しい部分については、利用者が必要に応じて低コストで自由に変更できるような基盤と仕掛け」を用意することだ。これが陳腐化リスクを回避し、CSを高めるうえで、現在、オーナーが取りうる最善の策ではないだろうか。

具体的にいえば、「テナント個々のスペック差」「完成時に想定される技術革新」「築五年後に予想される技術革新」「築一〇〜一五年間で必要になる基本設備（電気・空調）の増設、更新」を想定して、「変わるものと変わらないもの」を見極めることである。

そして、「変わらないもの」はビルの基本スペックとして装備し、「変わるもの」はオプションで対応するか、設備

や機器の更新性を高めることで対応する。これは「スケルトン・インフィル（米国ではコア&シェル）」の設計思想に通じる。

◉――スケルトン・インフィルの考え方を取り入れる

内装や室内装備の自由度を確保するには、コア&シェルと呼ばれる米国型スケルトン貸しを日本の実情に合わせて取り入れていく方法がある。

たとえば、標準内装の予算を取っておき、テナントが決定してからテナントの要望を取り入れ、テナント工事と同時に施工するビルディングスタンダード方式や、天井面には制約の少ないグリッド天井システムを採用し、床は仕上げずに渡す方法がある。

前者は竣工時に仮使用承認制度（第33項参照）を活用して、仕上がった部分から使用を開始すればよい。後者は検査済証が交付されているので、入居時に消防署に提出する建物使用開始届でOKだ。この方法は実際に使われている。

最大の顧客満足度は、個々のニーズと時代のニーズにベストフィットさせることによって実現する。そのすべてをビルオーナー（または投資家）側で提供する必要はない。

コラム9

本稿第54項で、水を使った天井輻射パネル方式の輻射冷暖房を紹介しているが、輻射冷暖房にはこのほかにも、水ではなく空気を媒介にしたもの、天井ではなく床に輻射冷暖房を設置するもの、蓄熱型と速効型などがある。

いずれも冷温風の不快さや耳障りな吹出し音がなく、室内の温度ムラもない。温かさは太陽やたき火にあたったときのよう、涼しさはトンネルに入ったときのひんやりとした感じが体感できる。

どの方式の輻射冷暖房が適しているかは建物の規模や用途によって異なる。たとえば、天井高の高い大空間は床の輻射冷暖房が適している。なぜなら人間の活動範囲は床から一・八メートルくらい。床式はこの範囲を効率的に冷暖房できる。

輻射冷暖房の除湿対策という面では空気を使う輻射冷暖房が有利だ。冷却用の空気の流れが給気や換気を兼ねているため、結露対策が比較的簡単ですむ。

また、蓄熱型と即効型のどちらを選ぶかは建物の用途次第。たとえば、オフィスや商業施設は即効性のある金属パネル方式、二四時間連続運転が基本の高齢者施設や病院などは蓄熱型が効率よい。

総合的な技術開発に期待

◇さまざまな輻射冷暖房

どの方式を使うかは、建物の規模や用途別に建築費とランニングコストのバランスを考えて選択したい。また、ほかの工夫も組み合わせればさらに効果的だ。

たとえば、夏は夜の冷気で躯体を冷やし、冬は昼間の熱を躯体に蓄熱するなど自然力の最大活用をベースに、庇や窓の開閉といった小技もきかしたうえで輻射冷暖房をプラスするといった総合的な技術開発にも期待したい。

35 オフィス契約面積の盲点

レンタブル比からスペース有効利用度へ

オーナーは収入源となる「貸室面積」にしか目を向けないが、借りる側にとって重要なのは「実際に有効に使える面積」である。ところが「貸室面積」と「実際に有効に使える面積」は、ビルの形状や平面計画、設計などによって違う。この格差は無視できないほど大きい。オフィス契約面積の盲点といえよう。

賢いテナントは「スペース有効率の低いビルに入居することは、無駄な空間に余分な金を支払っているのと同じ」と気づき始めた。

では、どのような尺度でスペース有効利用度を測定したらよいのだろうか。ひとつには契約面積と実際に有効活用できる面積を測定し、その差である「スペース損失率」を算定する方法がある。

◉——「スペース損失率」で判定する

スペース損失率を算定するために、まず、面積を次のように定義づけておこう。

・契約面積：一般的に壁芯から壁芯（窓芯）で測定した面積
・カーペッタブル面積：実際にカーペットを敷くことができる面積

・実質有効面積：カーペッタブル面積から実際には有効に使えない面積を引いたもの

「契約面積」はペリメータ側のファンコイルカバーのスペースや柱型、独立柱、コア側の突出し柱など、実際には使えない部分まで含んでいる。「カーペッタブル面積」はこれらを差し引いた面積であり、テナントにとってはもっともわかりやすい尺度である。

しかし、厳密にみれば、カーペッタブル面積すべてを自由に使えるわけではない。たとえば、ファンコイルカバー前面はメンテナンススペースなので家具や固定間仕切りを設置できない。貸室側にとられた点検口も同様だ。テナントにすれば、その分スペース利用が制約されるわけだ。こうした「実際には有効に使えない面積」を丹念に拾い出し、その和を一定の基準に従って減価査定する。それをカーペッタブル面積から引いたものが、テナントが本当に自由に使える「実質有効面積」である。

では、壁芯で測定した「契約面積」と「実質有効面積」ではどのくらいの開きがあるのだろうか。

都心主要ビルを例にとって調べたところ、契約面積と実質有効面積の差、つまり「スペース損失率」は、もっとも低いビルと高いビルでは一〇%前後の開きがあった。賃料に換算すればたいへんな額になる。

◉――使い勝手を左右するオフィス空間の形状

スペース損失率に準じて使い勝手を左右する要素としては、オフィススペースの形状が挙げられる。スペース損失率が同じでも、出隅入隅が少なく、無柱で整形な空間のほうが格段に使いやすい。

これはシステム家具をレイアウトしてみればすぐにわかる。不用意な凹凸があると家具を配置できない無駄な空間が多くなり、有効利用度は大幅に低下する。

オフィス空間の有効利用度を判定するもうひとつの指標として、出隅入隅の数を数え、カーペッタブル面積との比を比較していく方法もある。

◉——〝貸し手の尺度〟から〝借り手の尺度〟へ

ここで紹介したふたつの指標は、オフィス空間の使い勝手を客観的に判断する新たな基準である。テナントがビルを選択する際に役立つだけでなく、オーナーや設計者がビルの基準階プランを考える場合のチェックポイントとしても活用してほしい。

今までオーナーや設計者はレンタブル比にとらわれて、使う側のスペース効率は忘れがちだった。しかし、これからのビルづくりは、〝貸し手の尺度〟から〝借り手の尺度〟に転換していく必要がある。

テナントの望むオフィス空間は多様化しており、組織改変によるレイアウト変更もますます頻繁になるだろう。使い勝手がよく、変化対応力の高いオフィス空間が求められてくるはずだ。

設計段階からテナントの立場に立った新しい基準でプランをチェックし、スペースを有効に使えるプランニングを心がけることがテナントに喜ばれ、結果的にビルの価値を上げることにつながる。

コラム10

平成一二年の建築基準法改正で「避難安全検証法」という防災計画の新しい設計手法が導入された。同法に則って性能設計をし、建物から安全に避難できることが確認できれば、従来の防火シャッターや防煙垂壁をなくしたり、減らしたりできる。

ビルオーナーは「コストダウンにつながる」と早速

レイアウトの制約

◇避難安全検証法の功罪

検討。最近の大規模ビルの多くが同法を適用して設計されている。しかし、テナントには「従来の法規でつくられたビルより時間も手間もコストもかかるし、レイアウトが制限される」と不評である。計算根拠や計算方法が複雑で、ビルを設計した設計事務所に計算を依頼しなければならないからだ。あるテナントはビルの設計事務所に内装設備費の一〇〜一五％の計算料を支払ったという。

問題はコスト負担だけではない。

たとえば、オフィスレイアウトの際に、必要数の個室を配置してから計算してみると、「避難に要する時間」が「避難上支障のある高さまで煙等が降下する時間」よりも長い個室が出て、レイアウトを最初からやり直すハメになったりする。また、天井やドアの高さ、内装材など、デザインに深く関わる要素が、計算によって実現できなかったり意図と違うものになったり、ということが起きている。再計算には時間もコストもかかるし、なにより困ったことは入居が遅れることだ。

避難安全検証法は、「限られた敷地のなかに最大限の賃貸スペースをローコストでつくりたい」というオーナーの願望と、「安価かつ迅速に思いどおりのレイアウトを実現したい」という願望が真っ向からぶつかり合うという皮肉な結果を招いている。

36 使い手本位のコアプラン

フロア貸しをベースにしたプランニング

オフィスは現実にどのように使われているのだろうか。

これを知らずに使いやすいフロアプランはつくれない。大企業のオフィススペースの使い方を調査したところ、次のような構成になっていた。

オフィススペースの構成比率（大企業）

・一般執務空間：六〇％
・会議、打合わせコーナーなどのコミュニケーションスペース：一五％
・コピーや書庫、サーバールームなどの事務サポートスペース：一五％
・リフレッシュ、パントリー、更衣室、喫煙室など福利厚生スペース：一〇％

ここからわかるように、オフィススペースの四〇％はなんらかのかたちで一般執務室とは区分されたスペースである。オフィスプランニングの原則からいえば、これらの部屋は分散配置するよりコア側に効率的に配置し、執務空間を広くとりたい。そのほうがフレキシビリティが高まるからだ。

原則どおりに配置すると、コア窓側は補助的な用途で占められ、その前面が主通路になり、通路から窓面までが執務室になる。

仮に貸室の奥行が一五メートルとしても、補助的用途と通路で五メートルくらいはとられてしまう。残りは一〇メートル。このなかでデスクレイアウトを工夫しなければならない。

つまり、「コア側の壁から窓面までの奥行は長いほうがレイアウトのフレキシビリティが高まり、スペース効率も格段によくなる」のである。主通路も直線的になり、防災上も安全で、テナント工事のコストも少なくてすむ。

「整形で無柱」という必須条件に、「コア側から窓までの距離が長い」という要素を加えれば、確実にテナントが喜ぶオフィスになる。

◉――コア機能を分散して奥行を確保する

しかし、現実には大規模ビル以外は、コア側から窓面までの距離は一五メートルが限度だろう。コア機能を分散することでこうした問題をクリアする方法を考えてみよう。つくり手側からすれば、コア機能を一カ所にまとめる利点は捨てがたいだろうが、ここでは使い手側の視点でコア機能を再検証してみたい。

ワーカーや外来者にとって重要で使用頻度も高いのは、エレベータホールと専用スペースへのアプローチだ。次はトイレ、湯沸室などの生活空間。これらは近くて安全なことが重要な条件になる。もし、専用スペース内にトイレや湯沸室があれば、いちいちセキュリティカードをもっていく必要もない。どんなに便利だろうか。

これに対して避難階段やサービスエレベータ、空調機械室、配線・配管スペースなどはワーカーにとってのプライオリティは低い。

利用者の優先順位でコアプランを再考すれば、センターコアにとらわれず、もっと自由な分散型コアプランが生まれるのではないか。広い執務空間をつくれるかもしれない。ワーカーと外来者の動線とビル保守の動線を整理区分することもできるはずだ。

◉——共用廊下をつくることがベストか

日本では最初から小割り貸しを前提に共用廊下がつくられているため、ワンフロアを利用するテナントには不便なことが多い。

たとえば、「八カ所も出入口があるのに、メインの入口がない」とか、専用スペースが共用廊下で分断されている「三枚おろし」のプラン。「三枚おろし」のオフィスでは、「同じフロアの反対側に行くにもセキュリティカードが必要」といったことがしばしば起こっている。

後者のようなビルに入居しているテナントから相談を受け、エレベータホールと直通避難階段にセキュリティをかけて区分し、相互のオフィス専有スペース間はカードなしで行き来できるプランを提案した。トイレや湯沸室にもカードが不要になり、ワーカーにたいへん喜ばれている。ビルオーナーも共用廊下まで賃貸スペースになったので賃料収入が増えた。同じ面積の空間も工夫次第で随分使いやすくなるものだ。

大きな企業を誘致したいと望むならば、ビル設計段階でフロア単位で使うテナントに便利なフロアプランを考えたい。これはテナントの使い勝手を高めるだけでなく、前述のケースのように、共用スペースを専用部分に含めて貸すことができるというオーナー側のメリットもある。

欧米では「コア&シェル」と呼ばれるスケルトン貸しが原則であり、日本のような共用部分と専用部分の区別はない。エレベータホールも各テナントが自由にデザインできるので、そのフロアに入った瞬間からコーポレートアイデンティティを演出できる。

スケルトン貸しについては別項（第07・33・52項参照）に譲るが、「テナントが不満に思っていること」をひとつひとつ検証していくことで、日本のフロアプランのナンセンスな部分がみえてくるだろう。

37 使い手本位のモジュール

人間主役のトータルモジュールを考える

ウナギの寝床のような細長い空間に細長いテーブル、それを囲んで一〇席ほどの椅子が並び、椅子と壁の間は人ひとりが通るのがやっと。お茶のサービスもままならない。

……あなたの会社にもこんな使いづらい会議室があるのではないだろうか。日本のオフィスには空間と家具のバランスが悪く、使いづらい空間が多い。

この一因はモジュールの決め方にある。

日本の大型オフィスビルでもっとも多いモジュールは三二〇〇ミリ。その昔、スプリンクラー配置の経済性や地下駐車場のスペース効率から決まったものだ。そこには「実際の居住空間の使いやすさ」という発想は微塵もない。

◉――ハーフモジュールで均整のとれた空間を

オフィスを計画するとき、建築のモジュールにもっとも強い影響を受けるのは個室や会議室、研修室、マシンルームなど、天井まで間仕切りされた空間である。

こうした空間をモジュールに忠実にプランニングすると、縦横比が一対一、または一対二、もしくはその倍数のプロポーションになる。しかし、使い勝手がよく、人間の感覚にしっくりなじむのは一対一・五のプロポーションであり、要求頻度も高い。

均整のとれた空間を確保するためには、せめてハーフモジュールで空間を仕切れるように設計段階から照明やスプリンクラーの配置を考えたい。システム天井もハーフモジュールに対応できれば、大部屋から個室や会議室への変更も余分なコストがかからず、均整のとれた空間ができる。

◉――グリッドシーリーングの利点を生かす

最近の大型ビルでは、従来のライン照明やロの字照明等のシステムシーリングに代わってグリッドシーリング（第08項参照）が増えている。古いビルをリニューアルするにあたって、このシステムに変更する例も多い。

これはハーフモジュールの一歩先をいく非常にフレキシビリティの高いシステムであり、照度分布も均一で意匠的にも優れており、今後ますます増えていくと思われる。

ただ、最近では、コア側壁面との整合性がとれていないケースが見受けられる。これはコアプランの計画とペリメータのモジュール、グリッドシーリングのモジュールが統合的に計画されていないためだ。採用する際に、グリッドシーリングの利点を最大限に引き出すように計画するよう心がけてほしい。

◉――インテリアからモジュールを見直す

建築のモジュールが「芯割り」を基本にしていることも、オフィスレイアウトをやりにくくしている。特にコア壁側とペリメータ側の空間にしわ寄せがきて、オフィス家具がぴったり納まらなくなり、変則的なレイアウトを余儀なくされているケースが多い。

オフィスを使う側からすると、これはたいへん不合理で不経済である。オフィス空間のフレキシビリティを確保するうえで欠かすことのできない「スペーススタンダード」が維持できないからだ。

オフィスには変化がつきもの。レイアウト変更の頻度は一〇年前より格段に高まっており、今後もますます高まるだろう。

どんなにレイアウト変更しても、オフィス家具がぴたりと空間に納まるようにするには、家具、設備、建築のモジュールが統一されていなければならない。日本古来の「畳割り」はまさにその典型といえよう。これを見習い、インテリアサイドの視点で整合性の高いトータルモジュールのフロアプランを実現したオフィスビルを紹介する。

◉――新しいコンセプトを取り入れたコアプラン

平成一八年竣工予定の「虎ノ門タワーズオフィス」（基準階面積一五〇〇平方メートル）は、これまで述べてきた考え方を取り入れて、次の五つのコンセプトで設計されたオフィスビルである。一七八～一七九ページのフロアプランとあわせて参考にしてほしい。

1. 外来者およびワーカーの動線とサービス動線を分離

メインエレベータからの動線と物流エレベータからの動線を明確に分離することで、動線の交錯をなくしている。これによってケータリングや郵便、宅配便等のデリバリー動線を外来者と完全に分離し、バックエントランス一カ所にまとめることができる。

2. 共用スペースと専用スペースを分離

従来不特定多数が利用していたトイレや給湯室を、専用スペース側からのみアクセスできるようにしている。ワーカーの利便性が高まり、セキュリティレベルも著しく向上する。

3. 共用廊下をつくらない

ワンフロア貸しを前提とした計画で共用廊下をなくしたため、専有面積を増やすことができた。必要に応じて複数テナント貸しにも対応できるよう、トイレ給湯室前に一・八メートル幅の廊下をとれるよう計画している。

共用廊下と専有スペースとの間に設備シャフトがあってフレキシビリティが損なわれているようなプランと比較すれば、このプランのフレキシビリティの高さが一層よくわかる。

4. メンテナンス動線は専有スペース外にとる

電気、空調などのメンテナンス動線は、すべて共用スペースに面したサービスエレベータ側にとっている。この結果、テナントはメンテナンス作業に煩わされることがなく、セキュリティも向上した。メンテナンス側の作業も格段にやりやすい。

5. モジュールを統合する

同ビルの柱間は七・二メートル、つまり三・六メートルモジュールを採用し、天井は六〇〇ミリ角のグリッドシーリングを採用している。特に先進的な点は、コア側壁面とグリッドシーリングが完全に整合していることである。

従来の「芯割りモジュール」ではなく、「内法モジュール」の考え方を採用したため、テナント側の使い勝手が大きく向上している（コラム1、2「TATAMI再考」参照）。建築構造とコア計画を総合的に工夫した結果、可能になった初めての事例といってよいだろう。

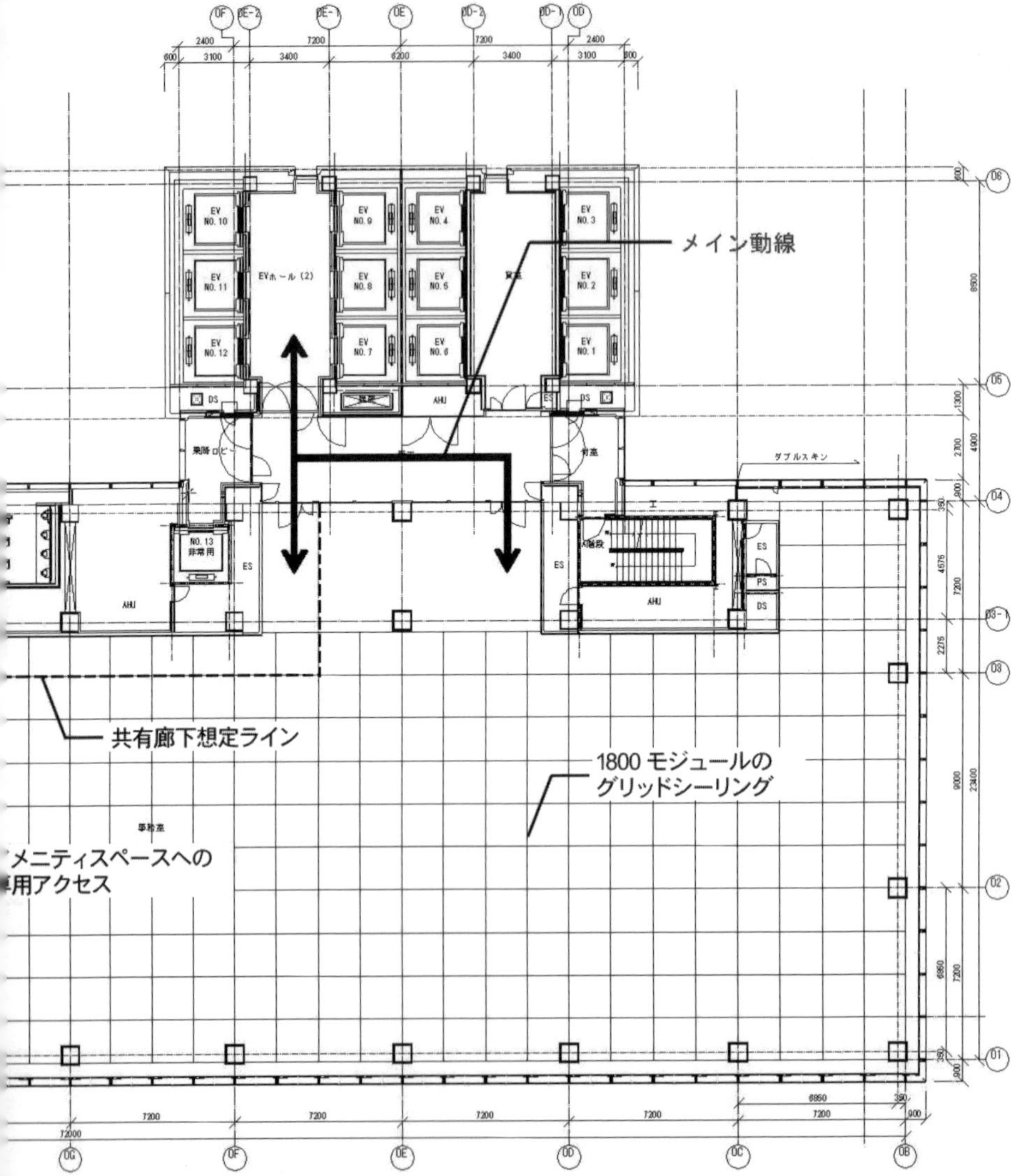
メイン動線
共有廊下想定ライン
1800 モジュールの
グリッドシーリング
メニティスペースへの
用アクセス
EV NO.10
EV NO.11
EV NO.12
EVホール（2）
EV NO.9
EV NO.8
EV NO.7
EV NO.4
EV NO.5
EV NO.6
EV NO.3
EV NO.2
EV NO.1
DS
AHU
ES
PS
NO.13 非常用
ダブルスキン
事務室

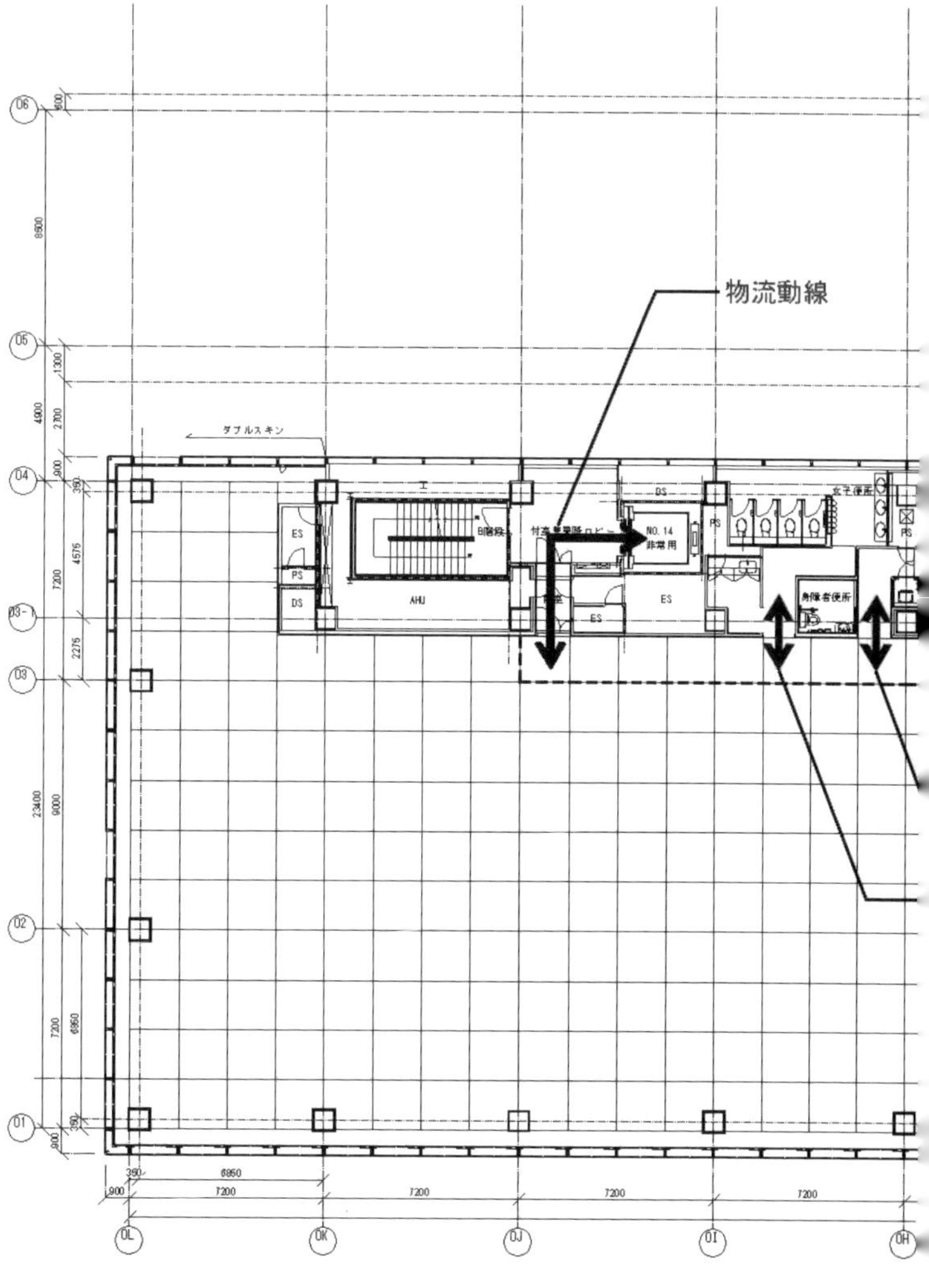

図1「虎ノ門タワーズオフィス」平面図／設計：KAJIMA DESIGN

38 レイアウトの自由度を高める

つくり手が見落としがちな六項目

テナントからみると「帯に短し、たすきに長し」というビルが多い。

情報化が進むほど、情報通信ネットワークやコンピュータシステムをバックアップする設備や機能が必要となり、ビルは年々重装備になっていく。

反面、テナントにとっては今日的なニーズなのに、つくり手が見落としていることがある。

そんな六項目を紹介しよう。

◉──禁煙対策は万全か

大企業では喫煙室や喫煙コーナーの設置が常識になっている。しかし、この点に十分に配慮されたビルはほとんどない。

多くの場合、排気工事はテナント負担。設計段階で配慮しておけば、さしたるコストアップにはならないが、完成後の工事なのでコストも手間もかかるうえ、原状回復義務までつきまとう。それ以前に喫煙室や喫煙コーナーの排気をまかなう排気能力を備えていないこともある。

設計段階で、各階の貸室内に何カ所か喫煙室設置に対応できる排気設備を設置しておきたい。

◉——ニーズに合ったセキュリティか

セキュリティに対する関心が高まっている。最近の大規模ビルは、テナントフロアの出入り管理にセキュリティシステムを導入しているケースが多い。

しかし、国際的な大企業はほとんどが自社独自のセキュリティシステムをもっている。ビルのシステムと自社独自のシステムが整合しない場合は、ワーカーは二枚のセキュリティカードを常に携帯しなければならない。

技術的には一枚のカードに合体することも可能だが、システムの独自性尊重という観点から、テナントは他のシステムとの乗入れを嫌う。ビル側のセキュリティシステムは、テナントの本当のニーズを検証したうえで、慎重に計画すべき分野であろう。

◉——テナント専用階段の設置は可能か

複数階にまたがって借りるテナントの場合、「貸室内に専用階段がほしい」というニーズが増えている。各部門の行き来が便利になれば、コミュニケーションが高まるからだ。

一般的には非常階段が利用されているが、距離も遠く、セキュリティ面の問題もある。設計段階であらかじめ専用階段設置可能箇所を設定し、それに合わせて構造、設備、防火区画などを計画しておけば、テナントの専用階段設置工事や原状回復工事のコストも手間も大幅に削減される。

複数フロアを使用するような大企業がメインターゲットならば、魅力的なセールスポイントになるだろう。

◉——情報の安全性は守れるか

企業にとって情報はますます重要性を増している。個人情報保護法も施行され、情報セキュリティは喫緊の課題だ。理想的には各企業が独自の情報ライザーをもつことだが、スペースの制約で共用ライザーがほとんど。せめて事故や妨害からデータケーブルを守るような独自の区画にしておきたい。

また、リスク管理から情報ライザーの二系統平行設置を希望する企業も増えている。設計段階から情報の縦シャフトにはゆとりをもたせておこう。

◉——テナント専用部内に縦貫通区画はあるか

複数階を借りている企業では、情報ケーブルはビルのＭＤＦ（情報通信回線引込架）からメインコムズルーム（主通信機器室）を経て、各階のサテライトコムズルームに供給される。そこを基点にフリーアクセスフロア内を通って各デスクに配線される。

ここで問題になるのは上下階への縦方向のルートだ。セキュリティや変更自由度を確保するために、専用スペースでスラブ貫通させる場合が多い。しかし、これはテナント負担の工事であり、原状回復義務も伴う。

もし、設計段階から専用部内に縦貫通区画をとっておけば、工事費も少なくてすみ、テナントから「たいへん行き届いた設計」と評価されるだろう。

◉——水平方向のケーブリングは考慮されているか

水平方向のケーブリングについても、設計段階での配慮がポイントになる。

大規模ビルの場合、ケーブルボリュームの集中を防ぐために、何カ所かにコムズルームを分散しているケースが多い。専用部内の天井裏に水平方向のケーブルルートを設置しておきたい。コムズルームからはフリーアクセスフロアを通ってデータケーブルを延ばすが、防火区画をまたぐケースに備えて防火区画配管も多めに設置しておくとよい。

39 空間を制約する元凶は天井と照明

グリッド天井とタスク&アンビエント照明のすすめ

オフィスの自由なレイアウトを妨げていたのは「天井」であることをご存知だろうか。中規模以上のビルでは照明と設備を一体に組み込んだシステム天井を採用しているが、皮肉にもこれとスプリンクラーが空間を縛っていたのだ。役員室や会議室、応接室などの個室をとる場合、まず、間仕切り壁の位置がシステム天井とスプリンクラーで制約される。日本ではテナントが決まる前に天井面を仕上げてしまうので、天井の都合にテナントが合わせなくてはならない。

また、システム天井の照明器具は専用の白色蛍光灯が一般的。ルーバーや乳白パネルを取りつけることはできるが、オフィス然とした画一的イメージは避けられない。好みの照明空間に変える場合は天井を一部解体しなくてはならず、退室時には原状回復義務が発生する。

テナントは個室をつくる場合、天井・照明について次のような三者択一を迫られる。

1. 標準仕様のシステム天井には手を付けず、天井との隙間を残した間仕切り壁にするという「裏ワザ」で対応する
2. 間仕切りは天井までとし、システム天井は生かして照明器具だけを変更する（あるいは照明器具もそのまま）
3. 間仕切りは天井までとし、コストと工期をかけてシステム天井を解体して在来天井を新たにつくる

当然ながら、1より2、2より3のほうがコストがかかり、工期も長い。さらに問題なのはコストと工期に左右されて、本来その個室がもつべき機能や特性について妥協しなくてはならない点である。

◉――自由度を高めた六〇センチ角のグリッド天井

最近の大規模新築ビルでは六〇センチ角のグリッド天井が主流になりつつある。天井のフレキシビリティの重要性が浸透した結果とみることができよう。

グリッド天井は照明器具の移設・増設が容易で、どこでも点検口として使えるメリットがあり、テナントの入退去コストやレイアウト変更コストを大幅に削減することができる。

その反面、省エネニーズの高まりや技術の進歩から「照明を太陽光からの明るさに応じて調光したい」「好きな照度に設定したい」といったように、ユーザーの感性とは離れ、ハイテクがひとり歩きしている感がある。このようなハイテク照明器具を他の照明器具に変更する場合、ビルのシステムから外れてしまうため、制御を一括で行えないなどのデメリットが出てくる。

これはテナントの自由度を逆に奪っているともいえる。省エネとハイテクの方向にシフトすると同時に、空間を演出するという照明本来の役割も忘れてはならない。

◉――レイアウトプランが決まってから天井をつくる

元来、照明はレイアウトが決まってから取りつけるのが合理的だ。米国のコア&シェル方式では、テナントはスケルトン（粗壁状態）で借り、独自で（貸主が費用負担するケースも含めて）内装や照明工事を行う。個室の位置や大きさなどが決まった段階で天井や照明の仕様や位置を決めるので、部屋ごとに自由な空間演出が可能になる。

日本では「スケルトン貸し」を導入したケースはまだ少ないが、あるビルオーナーはシステム天井のグリッドまでを設置しておき、テナントが決まったらレイアウトに合わせて照明器具や天井材を取りつける方式を導入している。床のカーペットもテナントが決まるまで設置せず、入居の際にテナントが好きなものを選べるという。

これならばテナントは自由な空間演出が可能になり、ビルオーナー側も用意する設備をミニマム化してリスクを減らすことができる。建築廃材を最小限に抑えられるという点でも社会に貢献できる。こうした方式が広く浸透してほしい。

◉──タスク&アンビエント照明で省エネと空間演出

タスク&アンビエント照明は、欧米ではかなり以前から用いられていた。日本で定着しなかったのは、明るさ感の不足と日本特有の天井の低さ、それに島型対向式レイアウトが原因といわれている。

しかし、省エネの観点からもそろそろ「オフィスの隅々まで均一に明るく」から「必要なところに適切な明るさ」へ発想を変えてはどうだろう。

アンビエント照明でオフィス全体を三〇〇～四五〇ルクス程度に抑え、手元のタスクライトの照度を足してデスク回りを七〇〇ルクス程度にすれば作業に不自由はなく、省エネ効果も高い。また、最近はパソコンを使う業務が多いため、以前ほどの明るさは必要なくなっている。

今まではオフィス照明というと白色蛍光灯であったが、色温度の低い暖色系のランプを使用すると空間のイメージが驚くほど変わる。これもテナントの選択肢に加えたい項目である。実際に標準仕様の照明器具に電球色を使っているビルも登場している。

空間演出という点では白熱灯系の照明器具が優れている。しかし、ランプ寿命の短さと空調への負荷増加が大きいという問題がある。これらの問題が今後の技術革新で解決されていくことに期待したい。

◉──照明と建築・インテリアとの接点に工夫の余地あり

今までオフィス照明は、機能性（明るさ、エネルギー効率、グレア防止など）の追求に明け暮れてきた。しかし、これからは「空間の演出効果」や「省資源・省エネルギー」といったアプローチが欠かせない。オフィス環境に対するニーズが多様化し、ユーザーの意識も高まってきている今、お仕着せの天井・照明で空間を縛るデメリットのほうが強くなっている。

また、照明にすべてを依存するのではなく、自然光を上手に利用する設計や、照明を効果的に反射させて明るさ感を与える内装、リサイクル可能な天井材など、建築・インテリア分野と照明の接点に工夫の余地が残されている。

40 快適感を測る新しい視点

知的生産性を高めるオフィス空間をつくる

「快適なオフィス空間は知的生産性を上げる」という法則性を数値で実証するのはなかなか難しい。しかし、逆に「不快で劣悪なオフィス環境は仕事の効率を下げる」ことは、多くの人が体験的に認めるところだろう。「快適性」を数値で測る指標はすでにあるが、それだけでは不十分である。人間の感性と音、熱、光、テクスチャー、香り、色彩などの環境要素の関係から「快適感」を捉え直したい。

普段、人間の知覚は取り巻く環境を一体的に捉えているが、ここでは問題点を明らかにするため、「身体的・生理的条件」「心理的・情緒的条件」「社会・制度的条件」の三つの方向からアプローチする。

◉——身体的・生理的に快適な条件

人間の感覚のなかでもっとも鋭敏で個人差の大きい環境因子が「熱」である。

事実、オフィスへの不満のなかで「空調に対する不満」は「狭さ」と並んで高い。しかし、快適と感じる室温は、そのときの行為や体調、室内の温度分布、気流、衣服などの熱伝導も関与しており、一律には決められない。空間、設備、人間、それぞれから「快適性」を探し出す必要がある。

たとえば、二〇〇五年に「クールビズ」がブームとなったが、これもひとつのアプローチである。省エネの視点だけでなく、服装の自由度や快適性の視点からも一時のブームに終わらせてはならない。

一方、新技術により空調の概念も変わろうとしている。

ここ十数年間、ヨーロッパのオフィスビルでは輻射熱を利用した「輻射式冷暖房システム」が本格化している。省エネや室内空気のクリーン化が理由だが、実際に体験してみると吹出し風が少なく、静かな点が実に心地よく感じられる。

日本ではこれまで病院や図書館など約四〇件、一万五〇〇〇平方メートルに採用されている（株式会社トヨックス調べ）。日本の気候とのマッチングという課題もあるが、快適な冷暖房システムとしてオフィスビルへの普及が期待される。

また、オフィスワークのなかでパソコン画面に向き合う時間が年々増えている。照明も再考を要する分野だ。従来のオフィス環境基準は「明るさ」が優先されてきたが、目の疲労度は照度より輝度バランスによるところが大きい。長時間のパソコン画面操作では、画面の輝度を落として目の疲れを防ぐようにするが、画面の枠外が明るすぎると目の負担はかえって大きくなる。

「明るいオフィスが働きやすい」という思い込みから早く脱してほしい。

◉――心理的、情緒的に快適な条件

生理的に不快でない環境条件はある程度定量的に設定することはできる。しかし、現在のオフィスワーカーは、熾烈な競争とプレッシャーのなかで創造的な協働を求められている。仕事への意欲を引き出す環境は生理的条件にとどまらず、情緒的、精神的にポジティブな状態を維持できるものでなければならない。

人間がもつ五感を働かせることが人間の精神に強く働きかける効果があることは、体験上からも知られている。しかし、現在のオフィス環境は個々の感受性とは関係なく、均質なデザイン、素材、カラーに支配されている。こうした環境は人間の五感を鈍らせ、発想を萎縮させる要因ではなかろうか。

高度な知的協働や知的創造を求めるならば、人間の五感を刺激し、情緒的にも豊かな環境が必要である。こうした空間や環境は、無難な選択が習慣になっている総務系主導ではなかなか創り出せない。各領域の専門家を招き、その組織にとって最善なプログラムを提案してもらうほうがよい。彼らの能力を最大限に引き出すためには、建物は制約の少ないスケルトン状態で提供されるのが望ましい。

「オフィスの内装や家具の素材を見直すことが、知的創造性を高める効果がある」という認識が広まれば、仕上げ済みの標準内装のビルは敬遠される時代がくるだろう。

◉──社会的、制度的に快適な条件

知的生産を高めるには、組織が共有するシステムやネットワーク、ソフトウエアの使いやすさも大きな要素だ。人類の進化は「複雑化」「凝縮化」に向かっているが、オフィス活動はまさにその典型である。こうした進化はコンピュータ技術に負うところが大であり、ストレスの少ない情報システムやネットワークを構築することが望まれる。

また、これからの仕事の成果は、ワーカー相互のコミュニケーションから生み出されたアイディアの量や質で測られる。企業にはそれらを生み出すための組織や環境のマネジメントが求められるだろう。

創造的で豊かな発想を生みやすい環境とは、主に組織運営上のノウハウとして追求されてきた課題だが、米国の急成長企業はこれを空間に置きなおして取り組み、成果を上げている。

日本でも野中郁次郎氏らが提唱した「ＳＥＣＩ」モデルを理論的背景として先進事例が出現してきた。これらのオフィスの共通点は、ユニバーサルプランやフリーアドレス方式によって一般執務スペースを縮減する一方、コミュニケーションを活性化するための空間を拡大し、さまざまな協働作業のための仕掛けを取り入れ、偶発的な会話のきっかけを与えるための空間を意識的につくりだしていることだ。

知的生産性を高める工夫やアイディアのために、すでにさまざまな手法が開発されてきているが、オフィス環境も含めトータルで効果を上げる方法はこれからの課題であり、重要なテーマである。

オフィスビルもこうした視点で見直す必要がある。

41 室内の空気環境に黄信号

外気取入れ量一〇〇%アップで設計せよ

マンションや学校では高気密化と建材から発生する科学物質によって、化学物質過敏症やアレルギー問題が発生している。

空気環境の悪化を防ぐために「学校環境衛生の基準」が設定され、ホルムアルデヒド、トルエン、キシレン、エチルベンゼン、スチレン、パラジクロロベンゼンの六物質の基準が設定された。「厚生労働省ガイドライン」ではさらに七物質が加えられ、計一三物質が設定されている。

◉——外気の汚染、高密度、VAV方式などが悪化原因に

ビルの場合はビル管理法があるが、近代的なオフィスでも空気汚染が進んでおり、楽観はできない。空気汚染の問題は悪化することはあっても、改善される要素は少ない。外気のCO_2濃度も年々高まっており、場所によっては四〇〇ppmから五〇〇ppmという高い数値も実測されている。

また、コールセンターやトレーディングルームのように人員密度が高かったり、喫煙コーナーの設置などによってより多くの換気量が必要なところでは、ビル管理法の基準（一〇〇〇ppm）をクリアできないケースも増えている。

一般的なオフィスであっても、パソコンなどのOA機器の小型化やペーパーレス化などによって、オフィスの人員密

度が高くなる可能性もある。

さらに、ＶＡＶ（可変風量）方式によって送風量が絞られた結果、必要な外気が取り込めなくなっているケースも多々ある。

役員室のような個室も空気環境が悪化しやすいので要注意。換気量が不足してカビが発生したり、十分な換気量をとると室温が低くなりすぎるなどの問題が起きやすい。

●設計段階で外気取入れ量を一〇〇％アップせよ

ロングライフビルを設計する際は、こうした状況を踏まえて空調外気の取入れ量をできる限り増やしておきたい。最低でも五〇％程度、できれば一〇〇％アップしておきたいところだ。

設計的にはＣＡＶユニットで必要量は確保されているはずだが、前述のような原因で外気取入れ量が足りなくなった場合は、強制的に外気を取り入れたり、そのためのダクトを大きいものに取り替えるなどの改修工事が必要になる。こうした工事は後からでは難しく、コストもかかるが、設計段階から盛り込んでおけば大きなコストアップにはならない。

●外気取入れで省エネ効果も

では、どの程度の外気を取入れるとよいのだろうか。

図１は、年間を通してどの程度の外気取入れがベストかをシミュレーションしたものである。省エネルギーの観点からも、春秋の中間期には外気を多く取り入れたい。一般的に空調送風量は一時間に六回から一〇回程度、室容積分

を循環させるレベルであり、そのうちの外気量は在室人員に対して最小で一・六回ぐらいといわれている。

秋、冬、春は外気による冷房の効果も見込めることから、年間で評価した場合、その二倍（三・二回換気）から三倍（四・八回換気）にしても省エネ効果が得られることがわかった。

外気取入れ量を増やせば、室内のCO_2濃度が低くなり、室内環境は改善される。外気を空調送風量の三〇%~五〇%に高めるために、設計時から外壁ガラリや外気ダクト、外気ファンと排気設備、または余剰排気リリーフダンパーなどの設置を検討したい。

最近ではタスク&アンビエント空調方式が提案されているが、アンビエント空調には室内環境を良好に保てるよう、十分な外気量を確保できるシステムを提案したい。

◉窓を開閉できれば、空気環境改善にも省エネにもなる

外気取入れによる省エネルギー効果（冷房）は、自然換気を利用した「ハイブリッド空調」（第28項参照）で紹介したが、実は窓を開けるだけで同じ効果（十数%の省エネ効果）が得られる。この場合はもちろんファン動力もいらない。

気持ちのよい季節には窓を開け、CO_2濃度が低くマイナスイオンのたくさん含まれた外気を取り入れたいものである。窓の開くオフィスについては別項（第55項参照）でも紹介しているので、参考にされたい。

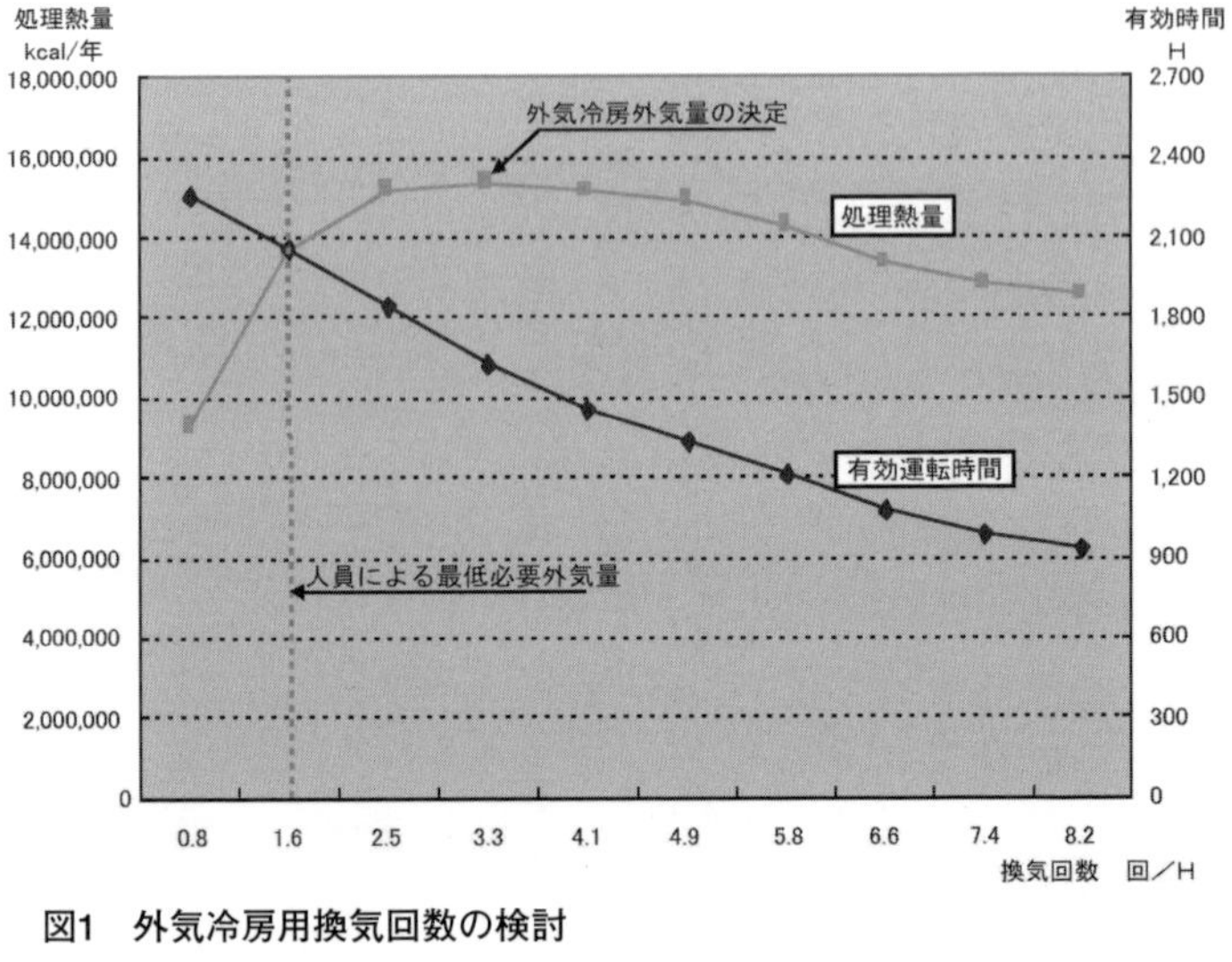

図1　外気冷房用換気回数の検討

42 契約書はリスクマネジメント

定期借家契約が望ましいが、旧法契約も工夫次第

欧米の賃貸借契約書は一〇〇ページを越す分厚いものだ。貸し手、借り手の双方が弁護士をたて、あらゆるトラブルを想定して微に入り細にわたりルールを取り決めていく。まさに、リスクマネジメントそのものだ。

日本の契約書はわずか一〇ページ以内で完結する。

「(トラブルが起こったら) そのときは誠意をもって話し合いましょう」という意味の最期の一文ですべてを解決してしまうというシンプルさ。「さすがに日本は〝あうん〟の国。崇高な文化だ」という見方もあるが、実はこうなった原因は別にある。

◉――「銃後の守り」を今に引きずる借地借家法

その原因とは借地借家法である。

同法二八条の正当事由制度によって、貸主は契約期間が満了しても賃貸借関係を事実上終了させることができない。また、同法三二条には「契約の条件に関わらず」という前書き付きで、いつでも (双方に) 賃料の改定を請求できる権利が認められている。

つまり、日本の不動産の賃貸借契約は、契約期間や将来の賃料を契約書に盛り込んでも「その契約が守られるとは

限らない」という致命的な欠陥を抱えているのだ。

これでは「細かく約束してもねえ……」ということになるのも仕方ない。

借地借家法の歪みは、昭和一六年の戦時立法で「銃後（本土の家族）の守り」を固めるために、賃借人の権利を保護したことに由来する。その後、何度か見直す動きがあったが、居住弱者を守るという観点から抜本的な改正は見送られ、オフィスビルなど対等の関係が成立する事業用不動産にまでこれが適用されてきたのである。

その結果、経済活動の原則である「契約の自由」や「約束を守る」といった感覚が麻痺し、自由な契約が阻害されているばかりか、耐震性の低い老朽ビルの建替えも進まないといった弊害を引き起こしている。

この歪みを直す第一弾として、一九九二年八月から定期借地法が、第二弾として二〇〇〇年三月から定期借家法が施行された。これは「期間が満了したら契約は終了する」という、ごく当然のことを認めた制度で、新規の契約から適用された。しかし、新規契約であっても、借り手保護の旧法も並存させて選択性をとったため、適用対象が限定される結果を招いている。

確かに、建替えや自己使用の予定がある場合、定期借家契約ならば契約どおりに退去してもらえる。これは貸し手にとってはたいへんありがたい。しかし、「更新がない契約」として立法化されたため、借り手側には「契約期間の終了時に再契約できるのだろうか」という不安があり、なかなかテナントの了解を得られない。そのため、定期借家契約は新築ビルなどの貸し手が優位な場合に偏りがちである。

◉──画一的な契約書の見直しから始めよう

こうした問題はあるものの、定期借家制度の創設は「契約は自由、契約は守る」という世界の常識に近づく第一歩である。また、リスクマネジメントの重要性が高まるなかで、「契約という行為が双方にとってリスクマネジメントそのものであり、契約書は将来どうなるか（どうするか）をクリアにするものでなければならない」という意識も芽生えてきた。

これを機に、過去の画一的で一方的な契約書を見直して、「お互いが約束した期間を守る契約書」「賃料改定、原状回復工事の内容など、互いに将来の予測可能性を高める契約書」「対等な関係を示す契約書」にしてはどうか。

具体的には、次のような見直しを提案したい。

●──契約書の言い回しから見直そう

まず、テナントから評判の悪かった契約書の文面を見直したい。

新法、旧法にかかわらず、「難解な法律用語を使わない」「一方的な言い回しをしない」「禁止の羅列を肯定的な宣誓文へ変える」「語尾をですます調にする」といったことだけでも印象は一変する。

次に、賃料改定や原状回復工事などについて具体的なルールを明記する。

たとえば、旧法による契約でも、賃料増減額請求の部分に「著しく不相当となったとき」と加えるだけでも効果がある。また、何かとトラブルの元になる原状回復工事は細かなルールを決めて明記したい。原状回復を金銭で清算する選択肢を設ければ、硬直的な標準内装への原状回復を回避できる。

最後に、新法、旧法にかかわらず、約束した期間を守る契約書にするには、半ば慣習的に入れている「期間内解約の特約」を排除することだ。これによって期間内の賃料支払い義務と使用権が確定できる。また、貸し手が契約の終了を確定したい建替え予定建物などは、必ず定期借家契約にしておきたい。

なお、事業用賃貸借の分野において、本当の意味で欧米並みの自由な契約が日常的に行われるためには、旧法の正当事由借家との選択性ではなく、「自由な契約」一本に委ねるなど、さらなる借地借家法の改正が必要である。しかし、与えられた条件下でも契約書にはまだまだ工夫の余地がある。
契約書はリスクマネジメントであり、次世代ビルの重要な運営ソフトでもある。

参考文献「定期借家法ガイダンス～自由な契約の世界へ」小澤英明（NY州弁護士）＋オフィスビル総合研究所　共著（住宅新報社刊）

第5章

次世代ビル実現のプロセス

43 無責任システムにピリオドを

オーナーが権限と責任を自覚してリードせよ

世の中には「どうしてこんなビルをつくったのだろう」と首を傾げるようなビルが少なくない。メンテナンスに信じられないようなコストがかかる「金食いビル」や、過剰設備・過剰装飾の「満艦飾ビル」、建築家に弄ばれたとしか思えない「ひとりよがりビル」……。

これらのビルは市況の緩和に伴って競争力が低下し、市場の厳しい選別に晒されて経営が行き詰っている。

◉――ゼネコン丸投げ方式ではいけない

こうしたビルが建設されてきた理由はいくつかあるが、そのなかでも最大の理由は、発注者であるビルオーナー側に、経営知識やビル経営者としての意識が希薄だったことではなかったか。

一部のビル事業者を除けば、ほとんどのビルオーナーが経営理念や管理運営データに基づく「コンセプト」を十分に吟味することなく、設計事務所やゼネコンに丸投げしてきた。設計事務所やゼネコンは建物を設計し、つくり上げるプロであって、ビル経営のプロではない。

日本の大手ゼネコンの総合力は非常に高いものがあるが、「経営」はあくまでビルオーナーの役割であり、その結果もオーナーが負うことになる。

オーナー自らが権限と責任を自覚してプロジェクトをマネジメントする覚悟がなければ、いいビルづくりはできない。

◉──オーナーの権限と役割を自覚せよ

ビルは非常に多くのパーツから構成されており、プロジェクトには多くの利害関係者や専門家が絡んでくる。しかし、企画から運営までをロングレンジで概観し、トータルにオーガナイズできるのは、自ら金を出してビル経営をしていくオーナーだけである。オーナーにはプロジェクトに関わる多くの専門家や業者を管理し、コントロールしていく権限と責任がある。

また、プロジェクトを進めるうえで、ビルオーナーの立場でないと得られない情報もある。プロジェクトを遂行するために壁となる法規制の矛盾があれば、それを突破するのも事業者自らの役割である。ゼネコンや設計事務所は「時代遅れの法律や意味のない規制がいかに多いか」を熟知しているが、役所とのトラブルを避けて既存の法規制の範囲で設計するケースが一般的だ。この壁を破るのはビルオーナーしかいない。

ビルオーナーが経営者としての自覚をもって自ら行動しない限り、無難なものはできても斬新なアイディアや先見性のあるビルづくりからは遠くなる。設計事務所やゼネコンに依頼する場合も、オーナーのビルづくりのコンセプトが定まっていれば、それに沿った提案が出てくることだろう。

設計事務所やゼネコンから「あそこの仕事は厳しいが、勉強になる」といわれるオーナーになれればしめたものだ。

◉──リーダーが曖昧なプロジェクトは失敗する

バブル崩壊までは、ビルオーナーがビルづくりにタッチしなくても、そこそこテナントを確保できた。極論すれば、これは単にビルが足りなかったためだ。

熾烈なビル競争のなかで安定した収益を上げていくには、収益の源泉であるテナントのニーズに焦点を合わせたビルづくりと運営が不可欠である。それには「つくり手の論理」を脱却して「使い手の論理」を優先したビルづくりと運営に徹底することだ。

しかし、ひとくちに「使い手の論理」といっても、企業のオフィス戦略は多様化しているし、選択眼も厳しくなっている。ニーズの変化も早い。それをつかむのは容易ではない。

誰かの受け売りではなく、ビルオーナー自らが直接、テナント企業のファシリティ担当者や所有ビルのテナントのクレームに耳を傾けることが望ましい。生の声を通じて市況の変化を先読みし、実践の場から得た知識や経営理念から常に計画をチェック・評価し、修正していくシステムが不可欠である。

そして、たとえ設計途中であっても、事業環境が変わればプロジェクトの方向性や事業採算性、需要動向とのズレを修正する権限をためらいなく行使する勇気をもちたい。

バブル崩壊で事業環境が一変したとき、誰がリーダーかが明確になっていなかったプロジェクトが、「設計変更や施工途中の変更は余分なコストがかかる」とか、「面子に関わる」といった些細な理由で方向修正をしないまま突き進み、傷を深くしたことは記憶に新しい。

コラム11

生真面目な日本人は何でも正しい答えがあると信じてきた。困ったことがあると、先進国に正しい答えを探しに生き、懸命に模倣して自分のものにするという歴史を経て、経済大国になった。

しかし、これからは答えはひとつではないし、誰かから与えられるものでもない。答えは無限、自らが創り出す時代である。オフィスビルも同じ。本書の目的も「これが理想の次世代ビルだ」と、ひとつの答えを示すものではなく、考えるヒントや方向性を示すことにある。

◇答えはいくつ？
答えは無限、自らが創造するもの

たとえば、企業のヘッドオフィスを誘致する都心の大規模ビルと、地方の支店や営業所を対象にしたビルとでは、安全・便利・快適といった基本は同じでも、求められる性能やシステムが異なる。

外資系や大企業の本社ならば、独自のセキュリティシステムや情報通信システム、内装などの基準があり、なまじビル側で中途半端な設備や機能を標準装備するより、十分なインフラを用意して独自の設備や内装をローコストで実現できるほうが喜ばれるだろう。

しかし、支店や営業所はイニシャルコストをかけず、経営戦略に応じて新設や統廃合、撤退にも素早く対応できたほうが便利だ。そうなると必要な設備がビル側にセットされているほうが都合がよい。

ビルオーナーはテナントの論理に立って考え、企業はそこで働くワーカーの論理に立って考え、それぞれ独自の答えを見つけ出してほしい。

44 重要なコンセプトメイキング

コンセプトと基本設計で成否は七割方決まる

「コンセプトなんてパンフレット用の言葉の遊び」くらいにしか考えていないビルオーナーがまだまだ多いのは残念なことである。長期的な視点でみたビルの成否は、最初のコンセプトメイキングと基本設計の段階で七割方決まるといっても過言ではない。

本来、コンセプトはビルづくりを貫く心棒のようなものであり、企画から完成、管理運営にいたるまでさまざまな段階で、ビルづくりをチェックする基準となるものである。

また、ビルづくりに携わる多くの関係者にオーナーの思想を示し、意識をひとつの方向に向ける役割を果たす。このコンセプトメイキングが安易であれば、設計者や施工者、運営管理者もあまり気にかけずにそれぞれつくり手の論理で仕事をしがちになり、その結果、一貫性のないビルや使い勝手の悪いビル、つまりは価値の低いビルができてしまう。

◉――誰にでもわかりやすいコンセプトを示す

コンセプトメイキングには戦略性が求められ、「時代の変化を読む感覚」「長期的な視野」「経営的な視点」などが必要になる。コンセプトはオーナーの価値基準を示すものであり、評価基準である。

コンセプトは誰にもわかりやすい表現を用いたい。コンセプトが明確であれば、そこに託されたオーナーの意図が設計者などの関係者に正しく伝達され、ビルの形状や構造、機能、グレード、広報戦略、運営計画、財務戦略などのアプローチもスムーズに進むからだ。

従来は、建築設計事務所やコンサルタント会社に、ビルのコンセプトメイキングを丸ごとアウトソーシングしているケースが多かった。オーナー自らマネジメントを放棄しているに等しい。よいコンサルタントに当たればいいが、そうでなければ目も当てられない。

しかし、その一方で、トップがビル経営のプロでない場合、その意向や好みが強く出すぎるのも問題である。トップダウン型の場合、プロジェクトリーダーは「トップが常に賢い判断をするとは限らない」ことを肝に銘じておく必要がある。最終的な意思決定はトップが行うにせよ、正しい意思決定ができるように、専門知識や情報を常に用意しておかなければならない。

まして、ファンドなどを通じて投資家がビルをもつ時代になり、建物評価は第三者機関が行うようになっている。コンセプトメイキングの段階から、第三者によるバリュー（価値）評価を想定した冷静な検討が必要である。ちなみに、米国におけるコンセプトメイキングにはリーシングブローカー（賃貸仲介会社）が参加している。日本においても、オーナーを中心に、各種の視点とノウハウをもったプロフェッショナルが連携してコンセプトメイキングを行うケースが増えつつある。

◉――トップを説得する技術を身につける

あなたがビル建設プロジェクトの責任者として、または、コンサルタント会社の担当者としてオーナーにコンセプトを説得する立場になったとしよう。

説得力のあるプレゼンテーションを行うためには、オーナーの意向、ユーザーのニーズ、時代のトレンド、経営的メリット、事業リスク、広報戦略とのリンクなど、できるだけ多角的な視点から客観的で具体的なデータを交えて説明する必要がある。

特に重要なのは、「ユーザーのニーズに合っているか」というアプローチである。貸し手市場では明らかにこのアプローチが欠けていた。賃貸ビルの収益の源泉はテナントからの賃貸料である。テナントの動向や意向を把握し、わかりやすく示すことができれば説得力のあるプレゼンテーションとなるはずだ。

また、プロジェクトを成功に導くために何よりも大事なことは、プロジェクトの責任者がコンセプトメイキングなどを通じてオーナーの意向を汲み取り、疑問や不安を解決して信頼関係を築き、権限委譲を受けることである。この段階を疎かにすると、後からトラブルや変更が続出することになる。

◉──「コンセプト倒れ」にならないために

立派なコンセプトができても失敗するケースはある。

「コンセプト倒れ」にならないようにするにはチェック機能が不可欠である。オーナーの理念や思い入れ、優先事項は何かということを理解して、コンセプトメイキングから運営管理までを一貫してみていく組織やメンバーが必要である。

チェック機能をもつ組織やメンバーが、ビル建設の各段階、各パートをコンセプトと一致しているかどうか逐一評価し、その結果をフィードバックしていく仕組みをあらかじめつくっておきたい。

45 プロデューサーの役割
時代を読み、全体を束ねるキーマン

プロジェクトを成功に導くには優れたプロデューサーが欠かせない。

映画の世界におけるスティーブン・スピルバーグ、実業界ではビル・ゲイツなどが優れたプロデューサーといえるだろう。彼らの能力は、時代の動向を的確に読んでプロジェクトに必要な人、モノ、金、情報を集め、ひとつの方向に束ねていく総合的なプロデュース能力である。

ビル建設プロジェクトにおいても基本は同じだ。

ビル事業においても多くの利害関係者が存在し、多額な資金、多くの資材、多種多様な情報が必要になる。これらを適切かつタイミングよく集め、束ねていくのがプロジェクトマネジャーの役割である。

しかも、大規模になればなるほど計画段階と完成までのタイムラグは長くなる。企画から完成・稼働までの時間的なギャップは都市開発事業の宿命であるが、現在のように時代の変化が激しいときには、ますます未来変化を予知する能力が重要になる。

◉――時代の変化を読み、どう反映させるか

「ドッグイヤー」（犬の歳の一年は、人間の七年に相当する）といわれるように、計画から完成までの間にも技術革

新が起こり、ワークスタイルや価値観も大きく変化してしまう時代だ。しかも、いったん設計したものを変えるにはかなりのパワーとコストが要求される。設計事務所やゼネコンをコントロールしながら、設計変更のコスト増に耐えられるのは一部のオーナーのみである。

だからこそプロデューサーには最新情報を探り出す情報力と、トレンドを嗅ぎ分ける嗅覚が求められる。特に、IT（情報技術）のような技術動向については、常に二年くらい先を読んだ戦略立案を心がけなければならない。

また、時代とともに変化するものと変化しないものを見分ける能力も重要なポイントである。

たとえば、ITや企業のオフィス戦略などは時代とともに変化するが、人間の感覚や人体寸法に基づく最適な空間構成などは簡単に変わるものではない。

◉──誰がプロデュースすべきか

本来ならば、経営者として事業のすべてのリスクを負うビルオーナーがプロデューサーの役割を果たすことが望ましい。今後、株主の発言力が強くなり、あらゆる分野で情報開示が求められるようになれば、今までのように誰が本当の責任者かわからないような無責任体制では株主が許さない。コンセプトメイキングの是非まで細かくチェックされる時代になる。不動産証券化が進んでいる状況下においては説明責任も問われるだろう。

しかし、現実にプロデュース能力のあるビルオーナーはひと握りにすぎない。自分にプロデュース能力がなければ、クライアント側に立って企画から管理運営まで一貫してみることができる人材や組織に金を払ってプロデュースを依頼すべきである。

従来は設計事務所やゼネコンがこの部分までカバーしていたが、現在は中立・独立系のコンサルタントも出現し、選択の幅は広がっている。

設計事務所やゼネコン、コンサルタントに任せる場合も、彼らはビルの経営者ではないため、管理運営に対してのノウハウや運営コストに関する実感は薄く、基本的につくり手の論理を優先する傾向が強いことを忘れてはならない。某高層ビルでは、完成間際になって「メンテナンススペースがないことに気づいて大慌てした」という笑えない実話もある。

管理運営サイドから設計・施工に対する評価システムやフィードバックの仕組みがないことは、ある意味で設計者やゼネコンにとっても不幸なことだ。ユーザーにとって本当に使いやすいビルをつくってもさして評価されず、使いづらいビルであってもなんとなく許されるのでは本当のノウハウを蓄積できず、能力による差別化も期待できない。結果的に、既存の法規制の範囲で無難なものをつくっておけばよいという風潮になりやすい。

ビルオーナーまたはテナントの立場から専門能力を正しく評価し、専門分野同士の意見の食い違いを調整しながら束ねていくプロデューサーを置くことで、それぞれの能力も磨かれ、ノウハウを蓄積することもできるはずだ。

◉──オーナーが主導的に関わるメリットは絶大

ビルオーナーが専門家にプロデュースを依頼した場合も、最終的な決断とその結果責任はオーナーがとることになる。常にプロジェクト全体の流れを把握し、段階ごとに評価できる仕組みを考えることが重要だ。

最近、外資系の投資家がビル計画の際に、設計レベルでのレビュー（再検討）を行う事例もみられるようになった。管理運営面から第三者機関による設計のレビューが行われるのである。「設計コストと修正コスト」「修正・変更を前提とした設計」「レビューのタイミング」など、オーナーが主導的に行うことによるメリットは絶大である。

46 的確なプロセス管理で軌道修正
人材、ベンチマーク、法規制の見直しは必須

計画から完成まで時間的ギャップが大きいビル事業の場合、的確なプロセスマネジメントが重要なポイントになる。しかし、今まで述べてきたように、こうしたみえない部分は疎かにされてきた。そのために、時代変化に対応できずに失敗したプロジェクトが多い。

特に、バブルとその崩壊という激動期にはプロセスマネジメントの欠落が大きくクローズアップされた。その後、不動産経営を巡る環境は大きく変わりつつあり、的確なプロセス管理の重要性はさらに増している。

◉――プロセスを管理する五つの能力

プロジェクトの範囲決定から完成までのプロセスにおいて、コスト、スケジュール、品質、人材などを的確にマネジメントするのがプロジェクトマネジャーの役割である。プロジェクトマネジャーに求められることは、「いかに早く」「いかに安く」「いかに高い品質で」プロジェクトを完成させるかである。

具体的には次の能力が要求される。

・プロジェクトの目的を理解している

・スタッフの能力を把握している
・プロジェクトに対する強いコミットメントをもっている
・ビジネス意識とコスト意識を兼ね備えている
・マネジメント力（プロジェクトに必要な知識と運営能力、人望）がある

◉──コスト管理に不可欠なベンチマーク

個々のプロジェクトマネジャーの能力もさることながら、社会的な基盤整備も不可欠である。この点、日本は遅れている。

たとえば、ライフサイクルマネジメント（ＬＣＭ）からビル計画をチェックしたいと思っても、運営管理コストに関わる公開データはまだ少なく、適正コストの国際比較もない。多くのビルを経営し、意識の高い事業者であれば独自のデータを収集し、分析することもできるが、そうでないビルオーナーにとって、こうした参考指標が少ないことは非常に不利である。

ＪＦＭＡ（日本ファシリティマネジメント推進協会）では、既存ビルに関するベンチマーク調査を実施しているが、この試みは緒についたばかり。ビル市況データは日本ビルヂング協会連合会と大手仲介会社が平均数値を公開しているのみだったが、Ｊ－ＲＥＩＴの拡大に伴って情報開示が進み、データベース化されるようになってきた。

◉──法規制＆行政との戦いに風穴を開ける

プロジェクトを推進する際に、見極めておかなければならない動きは規制緩和と行政改革の行方である。

日本独特の制度や商習慣も、外資系企業の参入によって大きく変わっている。企業活動の国際化や国境を越えた企業の合併などが進み、こうした流れは加速している。しかしながら、こうした流れに対してビル関連の法規制や行政感覚は遅れが目立つ。

たとえば次のような点が挙げられよう。

・法規制間の整合がとれていない
・法規制の解釈や運用が担当者や地域、自治体によって異なる
・情報開示が不十分
・法規制が技術革新に対応できていない
・規制緩和のスピードが鈍い
・規制によるコスト増に対するコスト意識の欠如
・検査システム、評価システムの仕

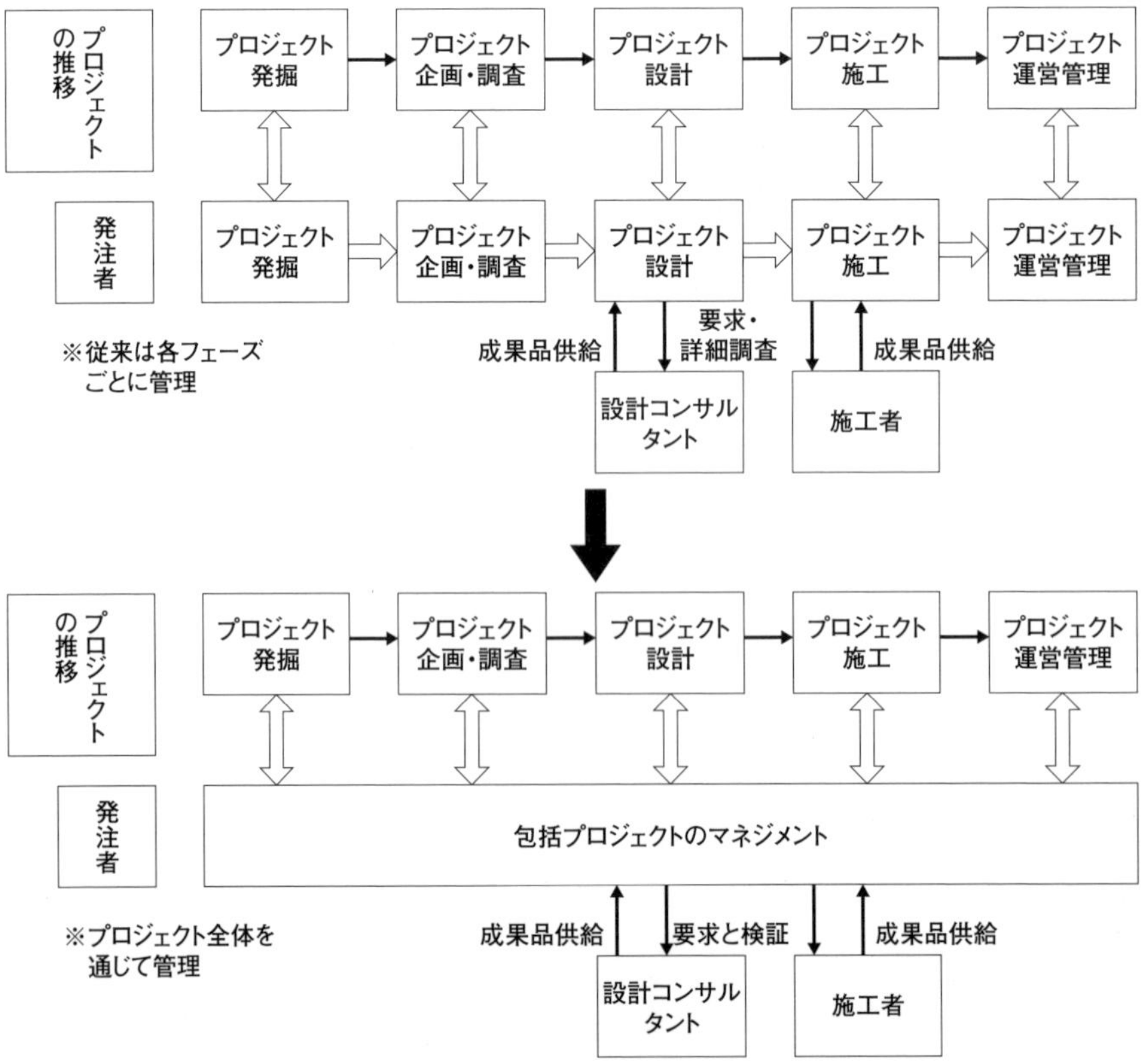

図1　プロジェクトマネジメントの流れ

組みに穴がある

プロジェクトを推進するうえで、事業者自らが法規制や行政手続きの壁を突破するために汗を流す覚悟が必要である。規制緩和は時代の流れであるが、ただ待っていては進まない。ひとつひとつのプロジェクトを通じて、こうした課題を突きつけて議論し、ユーザーにとってメリットのある方向に向けていくのも事業者またはプロジェクトマネジャーの役割である。

具体的に、行政との交渉は「議事録をとること」「指導があれば、その根拠と文書化を求めること」「担当者で埒があかないときは、その上司に諮ること」が基本である。

「時代の変化を読む」ことは重要だが、時によっては自らが「時代の壁を突破し、流れを変える」ことも必要になる。そして、今はその時期なのである。

47 事業途中でのリスクマネジメント

プロジェクトの評価&修正の仕組みを確立する

日本では、バブル崩壊までビル事業のリスクが真剣に検討される機会は少なかった。東京都心に立地するオフィスビルの空室率は限りなくゼロに近く、賃料も順調に上昇するのが当然と思われていたからだ。企画や設計の多少の失敗も、右肩上がりの経済と右肩上がりの賃料でほとんどカバーされてきた。

振り返れば「ビル事業極楽時代」だったが、反面、ビルオーナーの経営感覚やリスク感覚を鈍らせ、テナントのニーズにも鈍感になるという大きなマイナスをもたらした。そのツケを払ってきたのが、"失われた一〇年"ではなかったか。

今後は団塊世代の退職や人口減少、少子高齢化の時代に突入する。鋭敏なリスク感覚とリスクマネジメント能力が不可欠である。

◉——ますます重要になるリスクマネジメント

プロジェクトを進める間にはさまざまなリスクが発生する。

たとえば、市場変動リスク、流動性リスク（売却・換金性が低い）、制度リスク、震災リスク、地域リスク、事業期間リスク、劣化（社会的陳腐化を含む）リスクなどが挙げられよう。日本ではオーナー（事業主）がこれらのリスクを一手に背負っている。欧米のように事業リスクの分散を図るか、リスクをマネジメントする仕組みが不可欠になろう。

ここでは、プロジェクトのプロセスでのリスクをマネジメントする手法を考える。

◉──評価とフィードバックシステムはあるか

まず、プロジェクトの計画から運営管理までを一元的にマネジメントすることと、計画全体をレビューできる仕組みをつくることが、リスクマネジメントの第一歩である。これによって計画の途中段階でのチェックができるようになる。

米国の事例では、技術やコスト、スケジュールの進捗状況などを目にみえるかたちで提示するシステムが開発されている。「誰もがわかりやすいかたちで提示する」ことがポイントである。

プロジェクトが一〇%くらい進んだ時点でチェックが入り、この段階でプロジェクトをストップすることも修正することも可能である。こうしたデータを示すのがプロジェクトマネジャーの役割であり、それに基づいてオーナーが判断を下す。

こうしたチェック機能をシステムとしてプロセスに組み込んでいるかどうかが、日米の大きな違いである。

◉──設計変更のタイミングを逃がさない

プロジェクトの見直しは、コンセプトメイキングから基本設計、実施設計までの段階がひとつのターゲットゾーンになる。

この段階での設計見直しは工事期間中の変更に比べて抵抗が少なく、コストも安くてすみ、ビルの資産価値の向上にも寄与する。施工会社にとっても手戻りが少なくてすむ。特に運営管理面や省エネルギー面からの設計見直しや施工方法の見直しは、工事費のみならず、ランニングコストなど生涯コストの削減にもつながるものであり、将来のリスクを回避する意味でも効果的だ。

逆に、工事期間中の設計変更は後になればなるほど技術的にも難しく、割高になり、品質の面からもスケジュール管理の面からも悪影響がでる。もちろん、度重なる変更は作業の混乱と士気の低下を招く。どのタイミングで何をチェックすべきか、合理的に判断したい。

一般的にいえば、コンセプトメイキングから基本設計、実施設計までのスケジュールがタイトすぎる。十分に詰めきらないうちに工事になだれ込むようなことは極力避けるべきだ。

ビルオーナー側も「クライアントだから」といってずるずると意思決定を延ばしたり、工事終盤にきて思いつきや気まぐれを連発してはいけない。工事を混乱させ、品質を悪化させる原因になり、そのツケは自分に戻ってくる。プロジェクトマネジャーはこうした部分もマネジメントしていかなければならない。

◉——建築評価を巡る新しい動き

建物をどう評価するかについて、さまざまな新しい動きが始まっている。

たとえば、あるプロジェクトでは、オーナーと設計事務所、施工会社、メーカー、運営管理会社が手を組んで、設計時の想定値と運営後の実績値をもとにエネルギー評価を実施し、さらに効果を上げるべく取り組んでいる。

また、ある設計事務所はメンテナンス会社を募り、ビル完成後の運営管理ノウハウの勉強会を実施している。運営管理の視点を設計に反映させせようという試みである。

そのほか、近年の外資の不動産投資に伴って、欧米の投資家の考え方や評価手法などが日本に紹介され、浸透してきている。

デューデリジェンスの手法やアセットマネジメント、プロパティマネジメント、バリューエンジニアリング、リーシングマネジメント、コンストラクションマネジメント、ファシリティマネジメント、プロジェクトマネジメントなど、ビル事業のさまざまな段階で建物を評価、管理し、オーナーや投資家をサポートする専門家が出現している。

これらがすべて日本にそのまま導入できるかどうかは別としても、合理的なビルづくりと管理運営を考えるうえでの基盤となろう。

48 計画に管理運営責任者を参画させよ

プロパティマネジメントがビルの価値を左右する

設計と管理の間には溝がある。

建物が完成し、実際にワーカーが入居して初めて、使いにくい点や不具合がわかるといったケースは少なくない。設計は「しっかり管理すれば、そんな問題は起きないはず」と考え、管理は「なぜもっと管理運営側に配慮した設計ができないのか」と不満を漏らす。

しかし、根本的な原因をとことん追究し、設計段階までフィードバックして改善することは少ない。訴訟問題などに発展しない限り、互いに不満を抱きながらも「仕方ないか」と諦めてしまうケースが多い。実に不毛なパターンである。

しかし、テナントと直接対応する管理運営側の情報を設計側にフィードバックする仕組みがなければ、テナントが満足するビル、引いては収益力の高いビルをつくることはできない。「マンションは管理で選べ」といわれているが、オフィスビルにおいても管理の善し悪しを重視するテナントが増えている。

また、不動産証券化が進み、投資家も「最小のコストで最大の収益力」を上げるためには、物件の管理運営力が重要であるという認識を強めている。

●──ＰＭを計画の初期段階から参加させる

建物内でどんな営みが行われるか十分に配慮しなかったため、こんなトラブルが起こった。

低層部に店舗やスポーツクラブ、賃貸住宅が入居する複合ビルのケースだが、地下一階の駐車場にテナント別にゴミ置き場を設置した。しかし、管理会社はセキュリティ面から地下駐車場を夜間閉鎖する計画だった。このままでは清掃車のゴミ搬出ができないとわかり、急遽ゴミ置き場を変更することになった。

また、物流倉庫の例では、外壁をカーテンウォールにしたため雨水ドレン管を倉庫内の柱側に配置した。しかし、倉庫内を走るフォークリフトがドレン管にたびたび接触して管にひびが入り、大雨の日にドレン管から漏水し、倉庫内の情報機器に損害が出た。

いずれも、テナントがどう使うか想像できれば設計段階で対処できたトラブルである。

これからは、実際に建物を運営管理する専門家（プロパティマネジャー）がコンセプト会議や設計段階から参加して、故障やトラブルを未然に防ぐ方法を設計に盛り込むべきだろう。

プロパティマネジメント（ＰＭ）は、建物の日常管理（設備制御、保守・点検、清掃、保全、賃貸管理業務など）からテナントのクレーム処理まで、総合的に対応する現場業務である。それだけでなく、必要に応じて使用実態を調査・分析して新規投資計画を提案することも含まれる。要は、テナントにとって安全で快適な空間とサービスを提供することによって、ビルの資産価値を維持し高めるための全般的なマネジメントである。

米国では経営と所有（投資家）が分離しているため、資産価値を高く維持できる優秀なプロパティマネジャーはひっぱりだこだ。

日本ではこれまでビルの所有者が直接管理運営する、あるいは子会社やグループ会社に管理運営を任せる方式をとってきたため、競争原理が働きにくく、作業の効率や管理の質を厳しく問われることは少なかった。反面、管理会社からすればよい管理運営をしても認められず、どちらかといえばおもしろみのない地味な仕事として受け取られていた。

◉――ＰＭはビルの価値（収益力）を左右する

しかし、ここ数年で状況は大きく変わっている。さまざまな分野からＰＭ市場に参入しており、競争が激化している。それぞれの得意分野や実績をみてＰＭ会社を選択できる状況だ。

管理運営部門はまさに顧客と直接対応する最前線であり、顧客の意見をキャッチするアンテナである。ロングライフビルを考えるうえでも、的確な管理運営は不可欠だ。品質を落とさずにローコストで管理運営できれば、ＬＣＣ（ライフサイクルコスト）の削減効果は大きい。その分、テナントのコスト負担を下げたり、ビルの収益力を高めることができる。

また、優秀なプロパティマネジャーならば、稼働率が落ちる前にテナントの不満点をみつけて解決策を講じたり、今後予想されるさまざまなリスクに対しても予防措置をとるだろう。

たとえば、社会的陳腐化を回避するハード面の対応（リニューアルや設備更新）や、運営ソフトの改善策（賃料の見直しや空調の延長など）をタイミングよくオーナーに提案できるはずだ。

◉――消極的な「維持保全」、積極的な「維持保全」

「維持保全」という表現には、現状維持とか新築時のレベルを保つといった消極的なニュアンスが感じられる。オフィスを取り巻くビジネス環境やＯＡ機器に変化がない場合は、消極的な維持保全でもすむが、現代のようにビジネス環境が激変する時代には対応できない。

建物を長持ちさせるための「維持保全」を建物の竣工後に限定せず、設計や施工、そのための情報管理も含めて考えなければ、需要や市場に追いつかなくなってしまう。「維持保全」にも積極的、戦略的なアプローチが求められている。

49 新・発注契約方式を検討する

オープンブック方式のメリット・デメリット

ビルの新築や建替え工事を、どこに、どんな方法で発注するのがよいのだろうか。どのような基準で施工会社を選ぶかは発注者の個別事情にもよるが、建替えであれば既存ビルの設計・施工会社（元施工）に再度発注するケースが多い。新築工事では、もっともコストパフォーマンスのよい設計・施工会社を選ぶことが発注者の切なる願いであろう。

しかし、一般消費財に比べて建物の建設コストは高額であり、費目も膨大な量にのぼるため、施工会社の示すコストの妥当性について発注者が細部にわたって検証することはなかなか困難である。そのため、これまではゼネコンの「一式請負方式」が主流を占めていた。この方式には品質・工期責任の一元化、発注者業務量の負担減、契約の簡略化、効率的プロジェクト運営などのメリットがあるが、建設コストの透明性に関しては発注者の納得を得られにくい。

たとえば、発注責任者が「過去に設計や施工を発注した経歴があり、発注者の企業活動や意思決定の仕組みを理解し、意思疎通が円滑にできる建設会社に発注したい」と思っても、社内や株主などに建設コストの透明性・妥当性を説明できなければ受け入れられない。入札方式や新規の設計・施工会社の採用検討に迫られ、苦慮している担当者も多い。

◉透明性を高めるオープンブック方式

そうした場合、発注契約方式のバリエーションのひとつとして「オープンブック方式」という新しい選択肢がある。

この発注契約方式は図1に示すように、躯体（鉄骨・鉄筋・型枠コンクリート）工事、設備工事、内装工事など、工事種類ごとに入札を行い、一定の施工技術力やコストコントロール力をもつ複数の業者から実際の施工を担当する業者を選定する方式である。

工事種類ごとの入札は一式請負をしたゼネコンが執り行い、その内容・プロセスは発注者に開示されるため高い透明性を確保できる。

発注者が支出する建設費総額は、工事種ごとに個別入札によって決定された費用の積み上げ（＝コスト）と、コストに一定の料率を掛けたフィー（間接経費）の合計になる。

◉オープンブック方式のメリットとデメリット

発注者からみたオープンブック方式のメリットとデメリットは次のとおりだ。

〔メリット〕

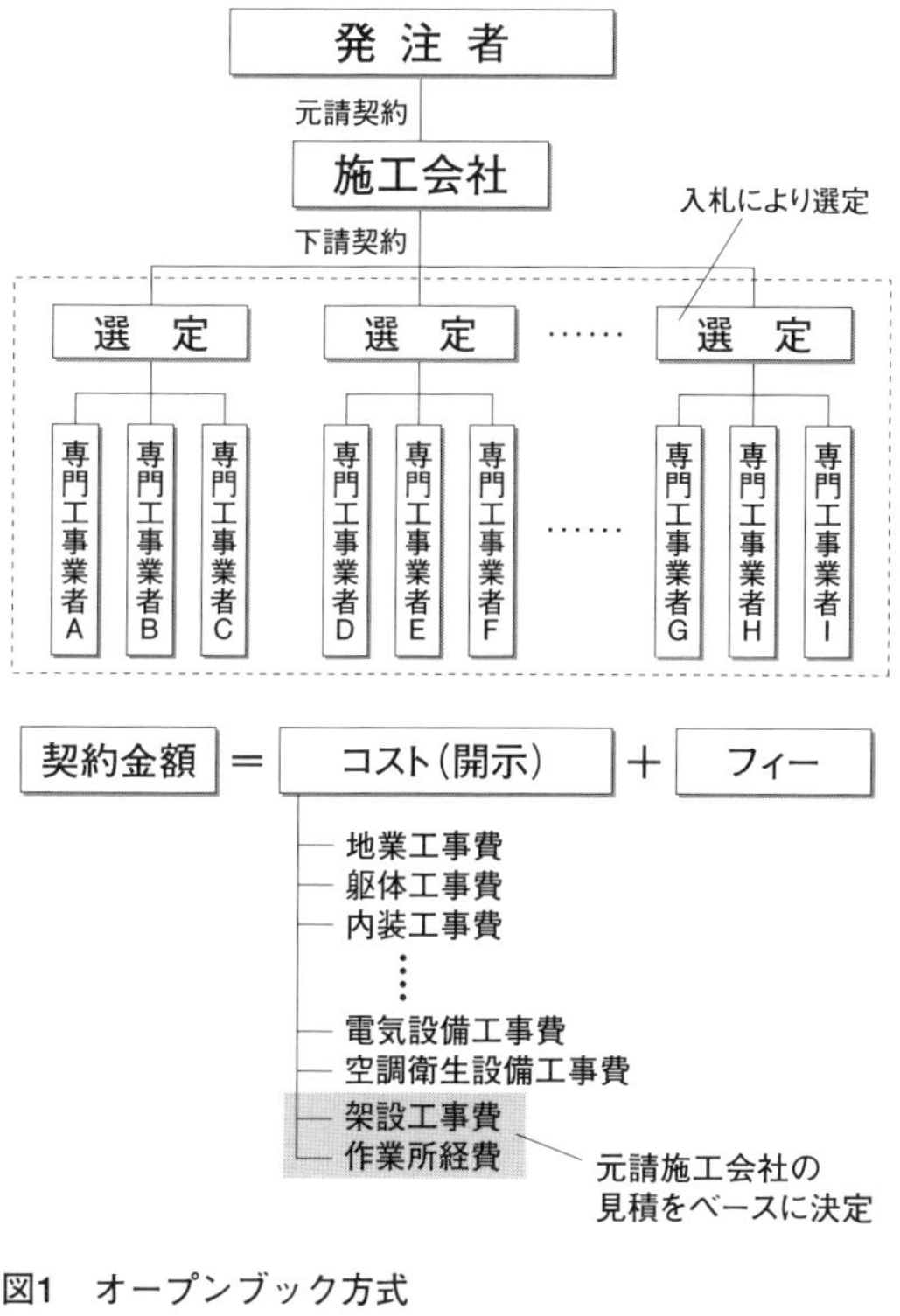

図1　オープンブック方式

・コストの透明性が増す
⇩株主などへの説明責任が果たせる
・コスト削減の可能性が高まる
⇩サブコン（各種工事業者）の競争入札でコスト削減の機会が増える
・従来どおりゼネコンの能力を活用できる
⇩品質管理、工期遵守など責任の一元化が可能になる
・GMP※をつけることで専門工事業者選定前に総工事費の最高限度額を把握できる

※GMPとは、最高限度額をゼネコンに保障させるオプションである。これによって発注者は工事種別業者の選定が終わるまで工事費の総額が把握できないという事態を回避できる。

〔デメリット〕
・GMPをつけないとすべての入札が終わるまで、総工事費の目途が立ちにくい
・ゼネコン同士の入札に比べ、逆にコストが上がる可能性がある

◉――PM／CMとオープンブック方式の違い

PM（プロジェクトマネジメント）方式やCM（コンストラクションマネジメント）方式との違いは、PM／CMが発注者と一体となって建設マネジメントを行うのに対し、オープンブック方式はゼネコンが発注者から建設工事を一式請負うことである。

CM方式では工事の完成責任は基本的に施主にある。コンストラクションマネジャーは施主のマネジメントを援助

する立場にすぎず、最終責任はあくまでも施主にある。

それに対しオープンブック発注方式では、約束の日に、約束の工費で、要求された品質の建物を完成させるゼネコンの役割は、従来の一式請負と同じである。

50 日本版PM・CMの実践事例

スーパーゼネコンの知恵と技術を最大に活用する

スーパーゼネコンの支配する日本の建築市場に、欧米型のプロジェクトマネジメント（PM）やコンストラクションマネジメント（CM）をそのまま導入する試みが行われたが、本流にはなっていない。それぞれの仕組みが生まれた社会背景が違うのだから、これらの方式が日本流に工夫され、調整されて日本社会に受け入れられるまでには今少し時間がかかりそうだ。社会構造や価値観の転換も伴うだろう。

それまでの間、どのような手法が現実的なのかを考えてみたい。

ＰＭやＣＭが日本に紹介される前から、スーパーゼネコンを相手に独自の日本版ＰＭ・ＣＭを実践してきたディベロッパーがある。

◉――ゼネコンの総合力を最大限に生かす発注方法

このディベロッパーは、発注するビルのコンセプトや構造、グレード、仕様、価格などについて、自社で細かな基準書をつくり、それに基づいて複数のゼネコンから提案を受ける。提案内容の審査や検査は内部スタッフが行い、最適な提案をしたゼネコンに設計・施工を一括発注する。その際、不満な箇所があれば、修正を要求する。

ゼネコンは設計・施工を一括受注するため、資材調達などの総合力を最大限に発揮できる。

使われている材料や設備とコストの妥当性についても、発注側が細かい点まで内部チェックする。この方法ができるのは、自社で独立した積算部門や仕入部門をもっているからだ。同社では、こうした独自の発注方法によって高い品質維持とコストダウンの両立を図っている。

また、ゼネコンと担当者の癒着を防ぐため、ゼネコンの接待にも一切応じない企業体質をつくりあげてきた。こうした企業体質や厳しいコストチェックシステムによって、ゼネコンからは「あそこの仕事はやりにくい、要求が厳しい」といわれている。

しかし、こうした合理的な発注者の存在がローコスト技術などの開発を促したことはまちがいない。

◉——従来のプライスはリスクまでカバーした値段

ゼネコンに丸投げしていた多くの事業者が、突然、欧米型のＰＭ・ＣＭ方式を導入しようとしてもなかなか難しい。たとえば、自らがプロジェクトマネジャーとなって分離発注しようとしても、ゼネコンから「トラブルが発生しても保証できませんよ」といわれてしまえば強行できないに違いない。

現実に、日本のスーパーゼネコンは膨大な知識・技術・人材・資金・情報を蓄積してきた。用地取得からテナントリーシングまで極めて広い範囲をカバーしてくれたため、建設・不動産分野に知識の乏しい事業主にとっては非常に頼りになる存在だった。

問題点はプライスの根拠や内訳が曖昧なことである。

「すべて面倒みます」という裏には、当然ながら建築に伴うさまざまなソフトサービスや、本来ビルオーナーがとるべきリスクへの対応コストが含まれている。右上がりの経済と地価と賃料に支えられ、建築費に鷹揚な時代にはそれでも十分に通用したのである。

しかし、「どんぶり勘定」のコストオン方式に「NO」という事業者や投資家が出現し、オープンブック方式（第49項参照）の発注方式などが登場している。これからも、スーパーゼネコンの総合力を生かしながら、価格の根拠と内訳を求め、コストダウンを要求してくる事業者や投資家を納得させられる方法が模索されていくだろう。

◉――建築費の透明性と品質を保つ手法

冒頭のディベロッパーは、ビル事業の豊富な経験を基に独自に合理的な発注システムを組み立ててきたが、経験の浅い企業でも専門家を味方につけることで合理的な発注ができる。

まず、プロジェクトマネジメント機能をもつコンサルタント会社と相談してビルの構造・仕様・予算などの詳細な基準を策定し、それに基づく設計・施工のコンペを実施する。コンペで選ばれたゼネコンが設計・施工し、コンサルタント会社が設計・施工の監理と評価を行うという方法だ。

ゼネコンは設計・施工を一括受注することによって、設計段階から総合力を生かした高品質・ローコストの提案ができ、得意分野も提案に生かすことができる。この方法ならば、ゼネコンのグローバルな資材調達力なども生かすことができるだろう。

コンサルタント会社はクライアント側に立ってアドバイスをし、設計どおり施工されているかをチェックし、評価する。

経験豊富なコンサルタントを間に入れれば、ビルオーナー側のリスクとゼネコンがとるべきリスクも明確になる。双方にとって合理的なコスト計算が可能になり、従来より透明性の高い契約が可能になるだろう。

51 不可能を可能にする「改革請負人」

プロジェクトを成功に導く六つのポイント

プロジェクトマネジメントの方法論やツールは数多く紹介されているが、ここではより実践的なポイントを紹介する。

特に改革を実践するプロジェクトは、理屈を超えた一定の資質と確固たる取組み姿勢をもたないと遂行できない。コンストラクションプロジェクトマネジメント（ＣＰＭ）のプロセスのなかでもっとも重要な六つのポイントを示す。

◉──1．クライアントニーズの明確化とゴールの共有化

具体的な目的やゴールを明確にするという、基本的なことができていないケースが多い。

その理由として次の二つが挙げられる。

第一は、クライアント内部の利害関係者による思惑の相違から、ゴールが「流動化」してしまうケースである。プロジェクトが進むにしたがって、当初の目的が骨抜きにされてしまうことが多い。たとえば、経費削減改革の目玉であったオフィス統合移転が、人員削減に反対する勢力によって単なる大規模な引越しにすり替わってしまうことがある。

改革を達成するには、プロジェクトマネジャーが企業内部の問題にも踏み込み、プロジェクト本来のゴールに向け

て再度軌道修正するためのアクションを起こさなければならない。それにはビジョンや志という次元まで掘り下げてクライアント企業を深く理解しておくことが不可欠である。

第二は、プロジェクトの意志決定者が具体的なゴールをイメージできないケースである。目的が抽象的で、具体的な目標が明示されていないケースは実に多い。この場合、抽象的な表現に隠された制限事項や前提条件を明確にしなければゴールがみえてこない。

また、クライアントが気づかない複雑多岐な外的制約条件があり、それらによって具体的なゴールのあり様が大きく変わることもある。

たとえば、遊休地活用で「できるだけ立派なホテルを」という言葉を愚直に受け止め、立地にそぐわない収益性の低い豪華ホテルを建設してしまうケースなどが典型だ。

プロジェクトマネジャーはプロジェクトの入口において、事業性、市場性、技術面などを踏まえた密度の濃いディスカッションを重ね、クライアントと協働で真のゴールのイメージを構築しておきたい。この作業のクオリティこそ、事業主（クライアント企業）がプロジェクトマネジャーの能力を見極める重要なポイントである。

◉——2．戦略の立案と技術スペックへの落とし込み

次は目標を達成するための戦略立案である。

改革を目指すプロジェクトの第一歩は、入手できる限りの情報と過去の経験やイマジネーションを総動員して、クリティカルな障害となる要素をすべてリストアップすることだ。この作業の精度が低いと後々何度も戦略を練り直すことになる。プロジェクトマネジャーの経験が足りない分野は才能あるブレーンをどんどん招聘し、もれのないようにしたい。

戦略の策定には技術的なバックグラウンドと同時に、「構想力」が必要である。構想力とはプロジェクトの完成形を瞬時にイメージする力である。論理だけでは到達できない領域にワープする原動力であり、不可能を可能にする最強の力である。

戦略の骨子がまとまったら、クライアントの目標を「翻訳」する作業に入る。

プロジェクトに関与するさまざまな専門家の専門用語に置き換えるわけだ。単に直訳するのではなく、それぞれの分野の物事の決まり方や進め方を踏まえて「意訳」することによって、プロジェクトは生き物のように動き出す。このときに、「誤訳」すると、技術スペックに落とし込む際の大きなリスクになるので留意したい。

この翻訳作業は、日本の優れた建築技術力を効率的に事業の目的達成に結びつけるカギとなる。「翻訳者」としてのプロジェクトマネジャーの力量が試される場面だ。

◉――3. 確実かつ効率的なプロジェクト進行管理

次は「実行」である。

プロジェクトに関わる専門家は自己の役割を果たすことが使命であり、それ以上のことはしてくれないと腹をくくろう。それを前提に、プロジェクトマネジャーは彼らのパフォーマンスを的確にコーディネートしなければならない。

プロジェクトには外的環境の変化や予期せぬアクシデントがつきものであり、スケジュールはリアルタイムに書き換えられるべき性質のものと認識したほうがよい。変わらないのはデッドラインだけだ。

こうした流動的なスケジュール管理を的確かつ効率的に調整するには、個々のタスクに与えられた優先順位と連関性を頭に叩き込んでおかなければならない。スケジュール表から、クリティカルパスを瞬間的に読み取る力と必要な軌道修正を実行する力が求められる。

この「スケジュール管理」と「予算管理」「品質管理」は相互に密接に関連しており、トレードオフとなることが多い。その状況下で「1＋1」を「2」以下にする方法を追い求めるのがプロジェクトマネジャーの本能であり、資質である。それにはプロジェクトの構成要素の特質を十分に読み解き、知恵と工夫を重ねることだ。

たとえば、事業の要求ポイントを把握し、設計企画の初期段階でモジュール化やユニット化の導入を検討し、なるべく多くのパーツを工場生産するよう計画することで「短工期・低コスト・高品質」を比較的容易に実現できる。スケジュール、予算、品質をバランスよくコントロールし、プロジェクトに活力を与え続け、最大限のバリューを創出するのが優れたプロジェクトマネジャーである。

また、プロジェクトの各パートを担う人々はみな誇り高い専門家であることを忘れてはならない。知識や技術、誇りを尊重し、苦しい状況でも彼らのモチベーションを維持し、高めていくこともプロジェクトマネジャーの器量といえよう。

4．想定外の問題への柔軟な対応とタブーへの挑戦

ここでは「想定外」の問題への対処について考える。

プロジェクトの初期段階で練り上げた戦略は間違いではない。それでも多くの課題が発生するのはなぜか。戦略策定のときにリストアップしたさまざまな問題点が予想以上に手強いか、予想もできなかった問題が生じたかのどちらかだ。

たとえば、開発プロジェクトにおける行政の許認可取得や近隣対応などがその典型である。行政は改革的プロジェクトに対して協力的とはいいがたい。理屈が理屈として通らないもどかしさと粘り強く戦う必要がある。

過去のしがらみが露見して進行を阻むケースも多い。特にゼネコンを始めとするベンダー包囲網は想像以上に強力

である。それらの呪縛を解くためには、絡まった糸を一本一本解きほぐしていく気の遠くなるような作業が必要になる。

クライアント社内の保守勢力の攻撃などはごく普通だ。ネガティブな人たちは、企業改革そのものを”敵“として認識する。このようなときには、志とビジョンをもって改革を進めるクライアント側の担当者を何が何でも守り抜くことが、プロジェクトマネジャーの最大の使命となる。時には、担当者をサポートするかたちで、社内の意識改革のために働かなければならない。ちなみに、プロジェクトの目的達成の光がみえた時点で、「善意の」保守勢力はプロジェクトのよき協力者に変身するものだ。

このような困難な課題を解決するには周到に戦術を練り、場合によっては新たなスペシャリストを参画させるなど、万全の体制で望まねばならない。最後はプロジェクトマネジャーの「達成力」にかかってくる。

◉——5．ゼロベース思考でのソリューション提案

改革のためのプロジェクトでは、どんなに戦術を巡らし、八方手を尽くしても解決できないクリティカルな課題が発生することがある。こうしたときは、速やかに発想を切り替える。これまでの戦略を捨て、原点に戻って再度戦略を立て直すのだ。

クライアントの真の目的を把握し、その達成に全身全霊を注いでいればこそ、ゼロベース思考でのソリューション提案ができる。

ひとつよい事例を紹介しよう。

あるクライアントが事務所ビルの耐震改修を実施しようとした。投資物件として地震リスク（ＰＭＬ）を一定値以下にすることが求められたからだ。しかし、通常の耐震補強方法では隣接するビルと近すぎて目的の数値をクリアで

きない。プロジェクトマネジャーはこれまでの固定概念を捨て、隣接ビルとダンパーで連結するという前代未聞の方法を提案した。実現までには多くのハードルがあったが、クライアントの目的は当初戦略とはまったく異なる方法によって見事に達成された。

このようなゼロベース思考を常に心がけたい。過去の成功例を捨て、プロジェクトの真の目的をみつめ直す。真の目的という拠り所があれば、立ち直りは早い。その意味でも、プロジェクトの初期段階に実施するプロジェクトゴール明確化のための議論は極めて重要だ。

◉―6．完全なコミットメント

改革のためのプロジェクトを成功させるために、絶対必要な要素が二つある。

ひとつは、クライアント側担当者の改革への決意だ。社内をまとめる担当者が目標を見失っていたり、逃げ腰では成功しない。

もうひとつは、いうまでもなくプロジェクトマネジャーの改革への完全なコミットメントである。クライアント側担当者をしっかりと支えながら、あらゆる課題を克服していくという強い決意が不可欠である。

一般的な建設プロジェクトであれば、クライアントの社内事情が原因でプロジェクトが失敗しても責任は問われない。行政に押し切られても〝お上〟の指導を理由に逃げられる。しかし、改革を必要とするようなプロジェクトを任されたなら、完全なコミットメントが求められる。

このようなかたちのプロジェクトマネジャーは「現代の改革請負人」といえる。

52 日本版コア＆シェルの試み

「クオータースケルトン貸し」が可能性を開く

オフィスデザインの自由度を高め、標準内装の未使用廃棄問題を解決する手法が登場した。森ビルが開発し、六本木ヒルズにも導入した「クオータースケルトン貸し」だ。これは米国の「コア＆シェル」をベースにして、日本の不動産取引制度や慣習に合うよう改良したものである。

始めに開発の背景をみてみよう。

日本では、賃貸ビルは当然のように「標準内装」で仕上げ、テナントに引き渡されてきた。使い勝手に合わせて自由にレイアウトやデザインをしたければ、テナント負担でまだ一度も使われていない標準内装を壊し、新たに仕上げなければならない。しかも、退去するときはまた標準内装に原状回復しなければならないため、外資系企業から「ブーイング」が巻き起こっていた。

◉──「外資系企業のニーズ」がきっかけに

外資系企業の多い港区でオフィスビルを多数経営してきた森ビルは、早くからこの課題克服に取り組んできた。「本国のオフィス仕様と合わない」という理由で、せっかく仕上げた内装を目の前で解体されて捨てられるのだから、他のビルオーナーより深刻な問題だったのかもしれない。

森ビルが開発した「クオータースケルトン貸し」は、床はOAフロア現しのままテナントに引き渡され、カーペットは数種類のなかから選択できる。壁は従来のまま石膏ボードにペンキ仕上げで完成している。多くの機能が要求される天井には、自由度が高い独自開発の「フォレストシーリング」を採用している。

フォレストシーリングは六〇センチ角モジュールの「グリッド天井」で、空間の自由度を高めるさまざまな仕掛けを施している。米国の天井材「2×2」（二フィート角のシステム天井）をベースにして考案された。

◉——複合開発の必然性から生まれた仕組み

オフィスに求められる役割は単なる事務処理のスペースではなく、知的生産のためのワークスペースへ変わりつつある。ワーカーの能力を最大限に引き出す環境、業務内容ごとに最適化した情報通信システムの導入、企業の哲学が感じられるデザインの採用……。外資系企業ばかりでなく、日本企業のオフィスづくりもそうした方向に向かっている。

「クオータースケルトン貸し」はそうしたニーズに応える手法だが、この開発には森ビル特有の事情もあった。森ビルはオフィスと住居などの複合開発が多い。従来ならオフィスの改装工事は夜間や休日に行われるが、複合開発ではそうはいかない。たとえば、居住者がくつろいでいる時間帯と工事が重なれば、クレームが出る。

フォレストシーリングを組み込んだクオータースケルトン貸しは、「音と臭いと廃棄物を出さない仕組み」であり、課題の解決に有効な手段である。間仕切り壁は天井のグリッドにボルト止めが可能で、大掛かりな工事は必要ない。入居時の内装工事や入居後のレイアウト変更工事も、キットを組み立てるような簡単な作業ですむ。

「クオータースケルトン貸し」は数々の実験を繰り返した後、二〇〇一年竣工の「愛宕MORIタワー」で初めて採用され、二〇〇三年には「六本木ヒルズMORIタワー」に採用された。新築ばかりではなく、二〇〇五年には

「アーク森ビル」のリニューアルにも採用されている。

◉——新築大型ビルの八割以上がグリッド型天井システムに

格子状の骨組みに、天井板や照明器具などの規格化されたパネルを載せていく「グリッド型照明システム天井」は、従来の「ライン型システム天井」に比べてレイアウトの自由度が高い。テナントの個性を生かした空間デザインも容易なため、今や新築大型ビルの八割以上に採用されている。

このなかでも「フォレストシーリング」の研究は群を抜いている。

グリッド天井はまだ正式な耐震基準が定まっていないが、森ビルでは振動装置を使った耐震試験を行い、独自の基準を定めた。骨組みの構造材の材質も、湿気の多い日本の気候に合わせて錆びにくい溶融亜鉛メッキとし、バーのジョイント部の引抜き、圧縮強度なども耐震基準のもっとも厳しいレベルを満足させている。

従来のライン天井は骨組みの幅が広く、一方向に並んでいるので揺れに弱いが、もともとグリッド天井は格子状に骨組みが設置されているので、どの方向の揺れにも強い。照明器具などのユニットもしっかり固定したうえに、ワイヤーなどで落下防止をしている。大地震の際の安全性はかなり高いものと思われる。

フォレストシーリングはデザインやインテリアにも配慮して、照明やカバーなどの追加オプションが用意されている。個室の間仕切り壁の位置の変更も簡単な工事ででき、個室をつくる際にネックになっていたスプリンクラーやダクト、照明器具の移動や増設も容易である。

環境面にも配慮されている。廃棄物がほとんど出ず、ボルトの脱着でさまざまな対応ができるので接着剤などを使わずにすむ。

◉──六〇センチ角は「畳」以来の画期的モジュール

本書コラム「TATAMI再考その1／畳は究極のモジュール」に「日本建築はこの基準に則って、床の間や欄間、建具までモジュール化、ユニット化されてきた。こうした完成度の高いシステムを生んだ日本人の知恵を現代に甦らせたいものだ」とあるが、六〇センチ×六〇センチの規格は、「畳」以来の画期的なモジュールになる可能性を秘めている。

天井には、天井板・照明器具・煙感知器・スプリンクラー・空調・非常照明・避難誘導灯・排煙装置などを取り付けなければならない。この取付け部分の規格が統一されることで、それぞれの脱着が容易となり、使い回し（リユース）もできるようになる。このモジュールが普及し、多彩で安価な商品が全国規模で供給されることに期待したい。

53 ブリーフィングでトラブル回避

関係者間の共通意識と合意形成を図るために

設計のキーマンは次のように語っている。

「設計作業でトラブルが起きる原因は、クライアントやユーザーの求めるものに対する設計者の無理解と説明不足か、設計者がクライアントやユーザーと目指すべき方向を共有化できていないかだ」

建物のライフサイクルの各段階を情報管理の視点から概観してみよう。

まず、企画段階ではさまざまな要望が出されるが、関係者が多いため、誰が意思決定するかわからないケースがある。

設計段階では、クライアントやユーザーと設計者のコミュニケーションがうまくいっていないケースが多い。コストのマネジメントに課題があるケースもある。また、この段階で施工者やビル管理者の知見を反映する機会が少なく、結果的にクライアントやユーザーの不利益につながっている。

施工段階では、施工者と設計者のコミュニケーション不足、伝承されない暗黙知、コストの不透明性などが問題点として挙げられる。

利用段階ではＢＭＳ（ビル・マネジメント・システム）が生かされておらず、改修段階では基礎情報が欠落しているなど課題が山積している。

こうした問題を解決するため、関係者間の共通意識と合意形成を図るのがブリーフィングである。

◉──「ブリーフィング」とは課題設定

建設プロジェクトにあたって「課題を設定すること」と「課題を解くこと」は違う問題だと捉えるのがブリーフィングの考え方である。課題の設定がブリーフィングで、課題の解決がデザインであると定義されている。

欧米では、発注者側が建築企画内容を詳細に記述するブリーフ（米・仏などでは、プログラム）を作成することは当たり前だが、日本ではブリーフを巧く活用している例はまだまだ少ない。なぜなら設計者が課題の設定と課題の解決をひとりでやっているケースが多かったし、課題の設定を建築主側に押し付けていた面もあった。

◉──投資家の登場で説明責任が問われる時代に

しかし、外資の参入もあって、日本にもグローバルスタンダードの価値判断や評価システムが浸透してきた。直近数年間の大規模再開発や大規模ビル開発には、投資家などへの説明責任を明確にするためにプロジェクトマネジメントの専門家が参画しており、収益（キャッシュフロー）や価値の評価が行われている。

こうしたプロセスのなかでプロジェクトマネジメントによるブリーフィングも実施されており、投資方針に基づく施設構成やビル経営、運用システムなどが検討されている。

◉──ソリューションビジネスの潮流とその影響

不動産業界では不動産を一〇〇％保有する「フルアセット」のビジネスモデルから、「ノンアセットビジネス」や

「フィービジネス」に軸足を移している企業が多い。

大手不動産の多くは「不動産ソリューションビジネス」を新たなビジネスモデルとして力を入れている。不動産ソリューションビジネスとは「エンドユーザーの視点から再構築した新たな不動産ビジネス」といってよい。

不動産ソリューションビジネスの業務フローは、大きく三段階に分かれている。

まず、コンサルティング・アドバイザリーによる現状把握と意思決定。次に、具体個別の戦略の決定・計画の策定を行い、売却や取得、コンバートなどの実行段階に進む。

実行段階ではデューデリジェンスや鑑定評価、不動産証券化、拠点開発や収益不動産開発、さらにPM（プロパティマネジメント）やAM（アセットマネジメント）などの実務メニューが登場するが、より重要なのは「不動産のリスクコントロール」と「不動産ポートフォリオミックス」に向けたシナリオや戦略の提案である。

◉——高度化・複雑化する問題を解決するために

ある大手不動産会社では、第一段階の「不動産経営戦略コンサルティング」で、資産価値・収益性の調査分析、重要物件の資産評価精査、開発実現性、流動化手法の検討、今後の保有・流動化・有効活用の意思決定基準、実施策、効果分析などを行っている。

不動産投資信託（REIT）を扱う投資法人などでは、豊富な資金を生かし、耐震補強や空調設備の刷新などで競争力の低いビルの付加価値を高め、テナントを呼び寄せている。また、賃貸料などの不動産情報を開示するREITやファンドの増加を受けて、「企業は以前より不動産市況情報を入手しやすくなり、契約交渉時の理論武装に役立てている」との声もある。

このように建設プロジェクトを取り巻く環境は著しく変化し、問題も高度化している。検討しなければならないフアクターも、エリアマネジメント、街づくり、景観、環境など新たなものが登場し、検討俎上に上がるようになっている。こうしたなかで、関係者間の共通意識と合意形成を図るブリーフィングの役割はますます重要になっていくだろう。

コラム12

第三者による検証システム

◇コミッショニング

コミッショニング（Cx）は「発注者の要求どおりの建物が建設され、運用されているかを確認すること」と定義され、省エネルギー・室内環境向上・建物資産価値に関わる重要な検証のプロセスである。

（社）建設業協会が二〇〇二年に実施した海外調査によれば、米国の全建設プロジェクトの一五％程度がこのプロセスを導入しており、企画段階の発注者の要求条件の確立から建物竣工後の施設管理まで、一貫して品質検証を行うことで高い成果を上げているという。

具体的には、発注者の依頼を受けた第三者の立場のコミッショニング・オーソリティ（CxA）がコミッショニング・チームのサポートを受けながら、発注者の要求どおりの品質の建物を実現していく。コミッショニング・チームは発注者、設計者、エンジニア、施工者、施設管理者、使用者によって構成され、企画から運用までのプロセスでCxAを支援する。

米国におけるコミッショニングの要件は次のようなものである。

1. 発注者の要求品質の具体化・明文化（ブリーフといわれる設計与条件調書）
2. 発注者の要求品質の設計図書への反映・充実
3. 発注者の要求品質どおりの建物の完成
4. 発注者の要求どおりの建物の運転・管理
5. 第三者が理解可能なコミッショニング・プロセスの文書化（建設・運用記録）
6. 発注者の信頼あるコミッショニング・オーソリティ（CxA）の選任
7. 建物関係者全員によるコミッショニング・チームの編成・運営

第6章

その先のオフィス
～自然と人との親和空間へ

54 理想の空調システム——輻射冷暖房

身体と地球に優しい空調を選びたい

オフィス環境に対するオフィスワーカーの不満のトップは「空調」である。特に夏は冷房病に悩まされているワーカーが多い。

現在の空調システムは空気を媒体とした送風式空調機が主流だ。夏は冷気を、冬は暖気を吹き出し、対流現象で温度調整をする。室内の対流は完璧にはいかないので、夏、室温を二四度にするには一四度くらいの温度で送風しなければならない。つまり、部屋の隅々まで涼しくするには、吹出し口付近の人は常に強い冷気を吹き付けられることになる。これが冷房病の主因だ。また、送風式は「頭寒足熱」ではなく「足寒頭熱」になりがちである。

身体に優しく、できれば地球にも優しい空調システムはないのだろうか。これだけ多くのオフィスワーカーが日々不満を感じていることを放置しておいていいのだろうか。

◉——輻射冷暖房が救世主に？

さて、ここで理科の授業をちょっと思い出してほしい。

熱伝導の形態は「対流」「伝導」「輻射（放射）」に大別される。現在の空調システムは空気の「対流」を利用したものだ。「伝導」は湯たんぽをイメージするとわかりやすい。

「輻射（放射）」は冬のひなたぼっこのぬくもりや、夏の地下室やトンネルで感じるひんやり感を想像するとわかりやすい。冬、外気温が低くても、日光が当たった部分だけ暖かく感じるのは太陽の遠赤外線効果によるもの。このように輻射（放射）は物質を介さずに直接人体に熱が伝わる。この輻射（放射）を利用した冷暖房システムが、今もっとも身体に優しいとされている。

たとえば、冷房の場合、送風式空調では人体の熱は輻射三五％、空気の対流四〇％、汗の気化二五％の割合で放出（伝導）される。一方、輻射冷房では輻射五〇％、対流三〇％、気化二〇％。送風式のように空気の対流で冷やす割合が大きいと涼しさが安定せず、疲労の原因になるが、輻射冷暖房ならばその欠点をカバーできる。

医学博士・馬場和夫氏の研究では「空調の快適性を表す指標として手足の皮膚温が有効。送風式空調より輻射式空調のほうが皮膚温の低下が少なく、末梢循環として血流低下がみられない」としている。また、「一般空調（送風式）のほうが冷温感は大きいが、時間の経過とともに一般空調では冷房のききすぎ傾向がみられ、輻射空調のほうが快適さが増してくる」とも報告されている。

◉―天井輻射パネル式の輻射冷暖房

ヨーロッパでは「輻射」を利用した冷暖房が早くから開発され、普及している。

特にドイツでは天井輻射パネル方式が実用化され、オフィスビルにも多く導入されている。温度調整した水で天井の輻射パネルを冷やす（温める）ことで、直接、人体から輻射熱を吸収（放射）するため、部屋のどこにいても均一に涼しさ（温かさ）が感じられる。

一九九〇年から輻射冷暖房を導入したドイツ・ハンブルグの州立銀行ランディスバンクでは、導入後に病欠率が九・六％から四％に激減し、エネルギー消費量も三〇％削減できたという。

日本ではドイツから技術を導入した「トヨックスシステム」が先陣を切っている。

この仕組みは、一般空調と同じ冷温水発生器から、冬は三一度、夏は一八度の水を天井の輻射パネルに循環させるというもの。

温度調整は三つ回路で構成されており、一次回路は熱源の冷温水発生器であり、従来の熱源を使える。二次回路では、温度調整した水道水を天井の毛細血管のようなポリプロピレンパネルのなかを循環させる。完全密封型なので、ポンプ交換まで水を入れ替える必要はない。三次回路は除湿した新鮮空気の取り入れで、大量の送風は必要ない。気流も穏やかで音も静かである。

メンテナンスの手間も少ない。ポリプロピレン製の配管は五〇年以上の耐久性があり、循環ポンプも一〇年以上運転が可能。温度調整は室内側にはなく、熱交換ユニットとして一カ所に集約されている。一般の送風式空調機は頻繁にフィルターやファンの掃除が必要で、機器の交換なども含めると輻射冷暖房よりはるかに手間がかかる。

また、輻射冷暖房は室内の設定温度を夏は送風式より二度高く、冬は二度低く設定しても十分に快適にすごせるため、ランニングコストの削減と省エネにもつながる。

◉——健康・快適さへの配慮と今後の課題

輻射冷暖房の唯一の欠点はイニシャルコストが高いことだ。しかし、人体や環境に対するメリットをアピールすることで、差別化の重要なポイントになる可能性がある。

日本でも資生堂銀座ビルが輻射冷暖房を導入したほか、立正大学総合学術情報センター、日本大学法学部図書館にも導入ずみ。オフィスビルでも二〇〇六年一〇月に品川駅港南口に竣工したソニー新社屋の一部に導入された。人への配慮をコンセプトに掲げる建設プロジェクトはこれからも確実に増えていくだろう。

建物に求められる基本要素は「安全」「健康」「機能」。輻射冷暖房は、わずかな初期投資のアップで健康で快適な環境を提供できる。

ちなみにサラリーマンがオフィスですごす時間は一日の三分の一から二分の一。定年までに六万〜九万時間をすごすオフィスが快適か否かは「人生の豊かさ」も左右する要素ではないだろうか。輻射冷暖房のさらなる研究開発と普及に期待したい。

55 窓の開くオフィスビル

もっと自然力を活用しよう

かつては窓の開くオフィスビルがたくさんあった。しかし、空調設備の登場で、窓を開けて換気をしなくても一年中同じような環境で仕事ができるようになった。現代のオフィスビルは機械設備によって形づくられ、運営されているといえよう。

これによって作業の効率は確かに高まった。しかし、季節も風も感じられず、外界の音や日射しもシャットアウトした空間が、人間にとって本当に「快適」なのだろうか。

また、「自然力」を取り入れず、「機械力」に頼る現代建築の方向性は正しいのだろうか。地球環境からみても、修正すべき部分があるのではないだろうか。

◉──「自然力」の活用を図る欧州

英国の不動産マーケットでは、窓面から奥まるほど床の価値が下がる。そこで建築家は奥行が深すぎないようなプランニングに苦心している。「窓辺こそ明るく眺めもよく、快適な場所である」という共通認識があり、採光・奥行は設計をレビューするときの評価項目になっている。

ドイツでは、オフィスはほとんど完全個室型であり、各々のワーカーの意志と責任で自由に窓を開閉できる。二〇年ほど前までは固定ガラスによる完全空調ビルが主体だったが、今では「シックビル」といわれてテナントに敬遠されているという。

ドイツでは環境に配慮した省エネルギータイプのオフィスビルが続々と出現しており、高層ビルでも窓が開閉できるボックスウィンドウ（ダブルガラススクリーン）が取り入れられている。外側のガラススクリーンの構造にはシンプルな「かざしガラス」から、電動チャンバーを内蔵するものまでバリエーションがあり、内側のガラススクリーンの開閉にも手動式と自動制御式がある。さらに、窓を開けると輻射空調を停止したり、強風を感知して自動閉鎖する事例もある。

開いた窓からモノが落下したり、風で書類が飛散したり、風圧でドアが開閉しにくくなったりしないよう、開口量計算シミュレーション技術などの開発も進んでいる。

◉――日本でも窓の開くオフィスビルを

ヨーロッパと日本では気候風土やオフィス形態が違うので、ヨーロッパの手法をそのまま日本に適用できるとは限らない。日欧の違いを踏まえたうえで、日本版「窓の開くオフィスビル」を実現するための課題を整理し、解決への道筋を考えてみたい。

まず、オフィス形態の違いがある。ヨーロッパは個室型が多いが、日本は大部屋（オープンオフィス）方式が主流。個室型ならば、窓の開閉は個室を使う人の感覚と責任で決めればいいが、日本ではそうはいかない。大勢のワーカーの感覚の違いや開閉の責任をどうするかという課題がある。ひとつの解決策としては開閉できる窓の数を絞り、オフィスのなかに「風の通る道」をつくる方法がある。

次に気候の違いがある。寒冷な気候のヨーロッパでは太陽エネルギーを蓄えるため、ビルの表面には日射を遮るものはなく、温室のようにフラットサーフェイスな仕上がりとなっている。しかし、高温多湿な日本では夏の日射を遮ることを第一に重視しなければならない。ガラススクリーンの前に日射を遮る庇やブラインドを設ける必要がある。

また、ダブルスクリーンなどで断熱効果を高めると、ナイトパージを阻害する要因になるので留意したい。

◉──外気量は足りているか

春秋の心地よいシーズンには空調を止め、窓を開けて外気を取り入れて気分転換を図りたい。

しかし、「自然換気だけで外気量が足りるか」という課題もある。ある指標では、日本で自然換気で足りるのは、昼夜を入れて年間時間の約三〇％。無風のときもあるし、強風や暴風雨もある。都心では騒音対策も必要だろう。これらを配慮すると、自然換気を使える時間は目減りしてしまう。

また、直接肌に触れる気流温度の下限はせいぜい一六度まで。もっと低温の外気を使うには建物そのものに通風し、躯体冷蓄熱を利用するという方法が考えられる。さらに無風時も外気を使うには、全館にわたる吹抜けと全天候型の給排出口を備えた温度差換気に解決の糸口がありそうだ。

そのほかにも上昇気流によるＥＶシャフトや風除室の音鳴りを抑え、書類が飛ばず、ドアがバタンと閉まらない程度に風力を抑えるためには風力と開口量の調整も欠かせない。

◉──「窓の開くオフィス」への挑戦

これらの課題をひとつひとつ乗り越えていくことが「閉ざされたオフィス」からの脱出につながる。日本でもさまざまな技術や工夫をこらして自然換気を取り入れたり、窓の開くオフィスビルを実現した例が登場してきた。「汐留メディアタワー」（自動制御による自然換気）、「時事通信ビル」（窓の開くオフィスビル）などがそれである。

技術的にもコスト面でもまだまだ乗り越えなければならないハードルはあるが、その先には四季のうつろいや爽やかな風、街のにぎわいを五感で感じながら働くことができるオフィス空間がある。

56 バルコニービルのすすめ
自然と人間が親和する究極の可変ビル

近代、オフィスビルは「快適なオフィス空間」を目指した結果、明るく、均質な素材でつくられ、機械で環境を全面的に制御した建築に辿り着いた。しかし、ワーカーは次第にこの快適なはずの空間に違和感を感じ始め、素朴な疑問を投げかけている。

「普通の住まいのように、仕事の合間には窓を開けて外の空気を吸いたい、できるなら外に出たい。住宅には当然のようについているバルコニーが、どうしてオフィスビルにはないのだろう」と。

オフィスビルからバルコニーが消えたのはそんなに昔のことではない。昭和中期の著名なビルにはバルコニーが付いており、「欄干ビル」ともいわれていた。窓側ペリメータを制御する機械設備がなく、ペアガラスなども使えない時代では、庇としてのバルコニーがビル設計の智恵だった。春秋の中間期は窓を開けるのが常識であり、外気もまだ新鮮だった。

今ではカーテンウォールのインターナショナルなビルが常識となっているが、バルコニーの効用を再考してみたい。なぜなら、人間本来の感性や自然との親和といった点で、バルコニーは多くの役割を果たすからである。

◉——オフィスに緑、水、風をもたらす仕掛け

オフィスビルも住宅も、人間の営みの器であることに変わりはない。しかも、最近はオフィスが住宅的になり、住宅にオフィスを取り込む時代となっている。

緑・水・風を感じながら、好きな時間に好きな格好で仕事ができるホームオフィスは、もしかすると立派な都市のオフィスより人間的で快適かもしれない。

都市のオフィスにも緑・水・風を取り込む方法はないだろうか。

そのひとつの解決策として、オフィスビルにバルコニーを設けることを考えてみよう。バルコニーがあれば、建物壁面の緑化も容易だ。外壁の緑のカーテン運動がここ数年盛んになっているように、植物による断熱効果も期待できるし、中水を散水して植物にうるおいを与えながら、水分の発散による放熱効果も見込める。「愛・地球博」で試みられたミストの散布も効果的であろう。壁面緑化は屋根緑化より何倍かの効果を地域にもたらすといわれている。

また、バルコニーは夏の日射しを遮る庇となり、窓を開閉することも可能になる。窓からは風を取り入れることができる。心地よい季節には、食事をとったり、アフターファイブにビールを飲んだりする素敵な空間にもなる。知的作業がメインになり、テクノストレスが増えるなか、こうした息抜きの空間がオフィスにあればどんなにかいいだろう。

◉——スケルトン・インフィルの設計思想ともマッチ

次世代ビルの条件として挙げた「ロングライフ」「フレキシビリティ」「クオリティ」をクリアするために、次のようなバルコニービルを提案したい。

バルコニービルは「スケルトン・インフィル」を基本とする。スケルトン（構造体）には一〇〇年建築にふさわしい物理的耐久性と耐震性をもたせ、社会変化やテナントの個別のニーズにローコストで対応できるよう、区画ごとに自由に内装・設備を設定完結する構造にする。

建物内部はどんな空間レイアウトにも対応できるよう、基本モデュールは三・六メートルで統一。バルコニー側に柱をとっているので、室内はスクエアな空間となり、レイアウトの制約も最小限にできる。

また、インフィル（内装・設備）はテナント側でつくるため、ルールさえきちんと決めておけばオーナー（あるいは投資家）のリスクは少ない。投資の視点からも、リスクの低い安定した投資物件になるだろう。

◉——感性だけでなく、機能的にも有効なバルコニー

もうひとつのポイントは逆梁を基本とした独特の断面構造にある。階高の高いビルでは、バルコニーを断面的に二重に使える余地があり、その効用はかなり大きい。

大型ビルでは新鮮空気を床下からセントラルで供給し、中小ビルではバルコニーから全熱交換器経由で入れる。空調システムも区画ごとに個別空調ユニットを設置し、室外機はバルコニーの下部に置くことができる。こうすれば区画ごとの空調の調整や運転時間の自由な設定はもちろん、機器の取替えや増設も簡単だ。特殊用途の非常電源ユニットや機械排煙設備も設置できる。

床下空間を利用して区画ごとの用途に応じて給排水配管を設定できるので、用途変更の際に問題になる水回り対応も容易になる。しかも、工事は区画ごとに完結でき、上下階への影響も少ない。

五〇年前のバルコニーが意匠的な意味合いで設置されたとすれば、今日のバルコニーは機能的な役割も果たし、かつ人間の感性を満足させる役割を果たすものといえるだろう。

◉――用途変更の可能性も広がるバルコニービル

こうした構造を備えたバルコニービルならば、オフィスから住宅や店舗への用途変更も、また、その逆も可能になり、時代や利用者のニーズにキャッチアップするビルが実現する。

適用建物と用途は次のようになる。

・長寿命ビルの低・中層部（将来の立地変化などに対する用途変更が容易）

・複合用途の賃貸ビル（オフィス、賃貸住宅、各種店舗など、入居者のニーズに合わせた多彩な設定が可能。将来の用途変更も可能）

・都市再開発ビル（地権者の権利変換後の床利用の自由度が拡大。区画単位の保留床の処分も容易。将来の用途変更にも対応）

・公共施設の中低層部（需要者のニーズに合わせて、行政サービス施設の内容変更が容易）

バルコニービルの普及には、用途変更を可能にする法的な問題やバルコニー設置の容積の検討、緑化技術、建築コストの問題などがある。しかし、自然力を生かし、人間の感性にあった究極の用途可変ビルを実現し普及する効果は、これらの壁を突破する努力に十分値するものと思う。

57 バルコニーつきオフィスの挑戦

東京ミッドタウンの試み

我々は今、作家の堺屋太一氏が唱えた「知価革命」や、ピーター・ドラッカーの「ネクストソサエティ」の真っ直中にいる。工業社会から知識社会への変革が進行中であり、オフィスはまさに企業の利益の中心となった。事務処理はＩＴに任せ、人間はクリエイティビティを存分に発揮することが求められている。

これまで、企業はＩＴ投資を先行させてきたが、ＩＴはあくまでも人間を支援する道具にすぎない。知識社会における企業の成長力は人間の創造力がカギを握っており、それを十分に発揮させるようなオフィス環境が求められるだろう。

人間はロボットと違い、喜怒哀楽といった感情に左右される動物である。モチベーションを高く維持し、五感を刺激し、クリエイティビティを発揮できるようなオフィス空間を創り出さなければならない。

◉――外界との接点をもったオフィスビルを

人間の感覚を刺激するという点で「窓」は大きな役割を果たす。しかし、高層ビルや超高層ビルでは、煙突効果対策として回転ドアなどで空気の流入を制限しなければならないほど、気圧と風圧との闘いにさらされる。そのため、近年の高層ビルや超高層のオフィスビルは窓を閉ざしてしまった。

ちなみに高層マンションにバルコニーがあり、窓が開けられるのは、区画された住戸の集合体という構造がそれを容認しているからである。

しかし、そうしたオフィスビルの「常識」を乗り越えて、高層ビルに設置しようと挑んだプロジェクトがある。それは「東京ミッドタウン」である。

●——知恵と工夫と情熱でバルコニーを実現

最近のオフィスビルのスペック競争は、かつてのインテリジェントビル時代を思わせる加熱ぶりである。しかし、ほとんどが人工的に安全で快適な環境をつくるためのものであり、自然と人間の親和を図り、人間の心を捉えるような画期的な試みは少ない。

そのなかで、東京ミッドタウンは、バルコニーに出て気分転換をするという、極めて自然な人間の願望を実現しようと試みた。冒頭に述べたように、気圧や風圧の問題など多くの障害を乗り越えて実現に導いたのは、関係者の知恵と工夫と情熱だった。

テナント誘致の際、ショールームに実際のバルコニーを設置したところ、ほとんどの企業が驚き、非常に高い関心を示したという。ただ、バルコニーがオプションであり、設置には追加投資が必要になることが、企業のバルコニーを採用するうえでネックではあった。

しかし、そうした負担を受け入れ、バルコニーの設置を決断した企業も数社あった。これらの企業がオフィスへの投資を惜しまなかった背景には、「人が主役」という企業の姿勢をかたちで表すことによって、社員の創造性やモチベーションが高まり、企業の利益にも結びつくという信念と冷静な経営判断があったものと思う。

バルコニーエリアはワンフロアに二カ所設置できる。バルコニーエリアの外壁ガラスの一部をバルコニーの内側のガラス窓として活用したり、あらかじめ排水設備を設置するなど、新築時だけではなく、以後もオプションとしてバルコニーを設置できるよう工夫されている。

館内の気圧対策は、二つの扉が同時には開かない仕組の二重扉を採用することにより、なんとか解決できた。また、多少風が強くてもバルコニーの使用を可能とするため、更に落下物対策のため、開放部の三分の二程度を覆うガラスの手摺を設けることとなった。

バルコニーエリアにはウッドデッキが使われる予定であり、気分転換には最高の場になるものと思われる。こうした「場」の提供は、オフィスワーカーが経営者から最大のもてなしを受けているという証であり、企業へのロイヤリティや誇り、仕事へのモチベーション、新鮮な発想などにつながっていくのではないか。

ビルのつくり手とそれを受け止めた使い手のチャレンジ精神に拍手を送るとともに、新しいオフィスモデルが成果を上げ、普及していくことに期

「東京ミッドタウン」のバルコニーエリア／資料提供：三井不動産

待したい。

◉――新しい価値として普及・定着を期待

東京ミッドタウンでは、バルコニーエリアの賃料をオフィススペースと同額に設定している。利用者側はオフィススペースと同じ賃料をバルコニーエリアにも支払い、バルコニー設置のためのイニシャルコストや退去時の原状回復義務を負うことになる。

ビルオーナー側では、こうした負担が少なくてすむように設計段階でさまざまな対策を施しており、初期投資はかなり軽減されているため、このような付加価値の高い空間を創出できる投資への見合いは十分にあると思われる。

なぜなら、二一世紀にクローズアップされるオフィスの意義は、人が集まる「場（ＢＡ）」としての価値になるからだ。コンピュータではできない創造的な仕事が人間に求められている。企業経営にとって、創造的な仕事を担う人々を満足させるオフィスが不可欠な時代がすぐそこまできている。

58 オフィス文化論

創造と協働の場をいかにデザインするか

次世代ビルを考えるとき、オフィスがどう進化していくのか、どんな役割を担っていくのかを想定しておく必要がある。

経済学者のピーター・ドラッカーは「ナレッジワーカー」という言葉をつくり、「生産手段は、もはや、資本でも、天然資源でも、労働でもない。それは知識となる。（中略）そして、知識社会におけるもっとも重要な社会勢力は知識労働者（ナレッジワーカー）となる」と述べている。

いまやこれに異論を挟む者はほとんどいない。

多くの経営者が「わが社の財産は人だ」といい、経営資源の最初にも「人」が挙げられている。しかしながら、日本では、そうした考え方を如実に反映しているオフィスはまだまだ少ない。おそらく、人の重要度や知的生産性とオフィスの関連性が具体的・客観的に認識されていないからだろう。

しかし、現実のオフィスでは情報処理などの単純作業の大部分をコンピュータが肩代わりし、人間の仕事の中心は高度な頭脳労働に移りつつある。高度な頭脳労働が企業価値創造の源泉であることは間違いなく、先端的な企業は冷徹な経営判断から人とそれを取り巻く環境（オフィス）に対する投資を増やしている。なぜなら知識は人の頭のなかにあり、人とともに動くことを止められないからである。

クリエイティビティをもった人々をどれだけ集められるか、彼らのクリエイティビティや仕事に対するモチベーションをどれだけ高く維持できるか、そして、いかにして会社に引き留めておくことができるかが企業の成長を決める時代がきている。雇用形態や人事制度、組織構造とともに、オフィスのあり方もそうした観点から問い直されていくものと思われる。

●——知を創造し、企業文化を育むオフィス

知的生産活動の器としてのオフィスビルはどうあるべきか。

情報技術や通信技術の発展で、いつでもどこでも仕事ができる環境が誕生したことから、オフィス無用論を唱える人もある。

しかし、その一方で人が集まることの重要性も再認識されている。単純作業はどこでもできるが、個々のワーカーの知識や経験を共有化し、互いにクリエイティビティを刺激し、組織や仕事仲間に対する愛着やロイヤリティを高めるには、フォーマル&インフォーマルコミュニケーションやコラボレーションの「場」を共有することがもっとも有効だからである。

オフィス空間は、確実に作業場から創造や協働の場に移りつつある。また、企業風土や企業文化、企業理念を社員や外部の人々に印象づけ、無言のメッセージを送り続ける存在でもある。これを逆手にとって、オフィス空間という目にみえる「かたち」から望ましい企業文化や企業理念を醸成したり、組織改革や意識改革を進めている企業もある。

ビル側が留意しなければならないことは、企業によって理想的なオフィス空間は異なり、同じ企業でもそのかたちは常に進化し、変化していくということである。安全性や耐久性、品質、機能などのベーシックな部分を満足させつつ、内部については、日々変化する企業のオフィス戦略に対応できるような設計と運営管理を考える必要がある。

当たり前のことだが、オフィスビル事業の収益の源泉はテナント企業の支払う賃料であり、テナント企業の収益の

中心はナレッジワーカーの生み出す知や価値である。ナレッジワーカーを満足させることが、すなわちオフィスビルの収益力や価値につながるといえよう。

そのためには、ビルのつくり手も運営の担い手も、企業におけるオフィスの位置づけの変化やあり方についてもっと関心をもち、さらに深く研究・検証していく必要がある。

◉――人間の視点から諸学を再構築する

これまで、オフィス環境は人間工学や環境工学を中心に考えられてきた。つくり手は最適な温度や明るさを数値で求め、それを満足させる方法を考えた。

しかし、使い手は数値ではなく、実際に感じる明るさ感や肌で感じる涼しさ温かさによって、快適であるか否かを判断する。また、そこで働く同僚や来訪者との関係性がうまくいくかどうかでオフィスの善し悪しを判断する。オフィス空間と人間は互いに作用し合い、その関係はもっと多様で能動的なのである。

こうした現象に着目して、オフィス空間と人間行動の相互作用を対象とした「オフィス文化論」を深めていこうという動きも出てきた。これは、これまでの専門分野の枠組みを超えた学際的な学問である。哲学、心理学、経営学、社会学、歴史学、人間工学、情報科学、建築学、環境工学、都市工学などの既存の学問を、オフィス文化論という視点で横串を刺し、新しい評価方法や価値観を創造しようというものだ。

オフィス文化論は、建築やオフィス家具のレイアウトといったハードだけでなく、組織全体のシステムや文化といったソフトも同時にデザインしていこうとしている。また、都市景観や都市生活も含めて、都市とオフィスの関わり方も捉え直そうとしている。

オフィス文化論は緒についたばかりだが、オフィスビルをつくり、運営し、使う人すべてに深く関係するものであり、オフィスビルを大きく変える可能性を秘めている。

コラム13

都心オフィスビルの役割

◇オフィスの行方

ＩＴ革命は人間と建築、人間と都市、人間と人間の関係を変えた。

仕事は「物理的な空間＝オフィス」だけでなく、情報との接点さえあれば、どこでもいつでもできる。サテライトオフィスやＳＯＨＯ、モバイルオフィスが出現し、どこでも情報にアクセスできるユビキタスネットワークがさらにその可能性を広げていくだろう。

では、オフィスに集まって働くスタイルはなくなるのだろうか。その器としてのオフィスビルは衰退するのだろうか。

否、情報化が進み、ワークプレイスが分散すればするほど人が集まる価値は高まる。情報を処理する作業はどこでもできるが、情報を解釈し、そこから新しい価値を創造するような「知的創造」はコラボレーションのなかから生まれることが多い。

経営会議やプロジェクトに携わる内外の専門家の打合わせや交渉なども、直接顔を合わせたほうが格段に効率がいいし、微妙なニュアンスも伝わる。人間はその場にいるだけで無意識に多くの情報を交換しているものだ。

ＩＴ化が進んでもオフィス空間がなくならない理由のひとつは、人間相互の有形無形の情報交換の価値と効果を感じているからではないか。

そう考えると、今後のオフィス建築に求められるものは「人間が集まる効果を最大限に高めること」であり、コミュニケーションやコラボレーションにふさわしい立地、空間、環境、機能、デザインを追求していく必要がある。

◉オフィスビル総合研究所「ベースビル研究会」メンバー一覧（五十音順）

浅沼龍一（株式会社竹中工務店　技術企画本部　技術企画部　課長）
伊藤幹雄（伊藤環境デザイン研究所　代表）
岩井光男（株式会社三菱地所設計　副社長）
岩澤昭彦（A&I研究所　代表）
植村公一（株式会社インデックスコンサルティング　代表取締役）
大武通伯（LC企画　代表）
太田三津子（不動産ジャーナリスト）
川合廣樹（リスクソリューションズインターナショナル　アジア代表）
木俣信行（鳥取環境大学　環境情報学部　環境デザイン学科　教授）
葛岡典雄（鹿島建設株式会社　建築設計本部　本部次長　株式会社アルモ設計　専務取締役）
小林茂允（株式会社ジェイアール東日本都市開発　新規事業研究開発室　研究開発主幹）
竹田かおり（ゲンスラーアンドアソシエイツインターナショナルリミテッド）
中川誠一（株式会社ネクスト・エム　代表取締役）
堀千太郎（株式会社竹中工務店　営業本部　教育研究施設部　副部長）
三上慎司（株式会社日建設計　設計部　設計主管）
森島清太（鹿島建設株式会社　建築設計本部　本部次長）
李　秦久（システムオーデザインアソシエイツ　代表）
田中淳逸（三幸エステート株式会社　営業推進室　株式会社オフィスビル総合研究所　取締役）
本田広昭（株式会社オフィスビル総合研究所　代表取締役　三幸エステート株式会社　常務取締役）

株式会社オフィスビル総合研究所は、一九九七年二月に設立以来、賃貸借契約オフィスビル市場の動向分析などを専門に手がけるシンクタンクとして、さまざまな調査・研究・提言活動を続けています。

■主なリポート　「自由度が商品価値の時代に」「定期借家法導入議論」「都市再生」「フリープランオフィス」「建物主役の時代」「耐震都市づくり」「不動産投資的価値評価」「二一世紀、魅力的な美しい都市をつくろう」「不動産新時代の賃貸借契約手法」「オフィスビルの盲点」「不動産新時代の賃貸借手法」「日本の伝統に学ぶ二一世紀のオフィス文化」「感性の哲学」「二一世紀、魅力的な美しい都市をつくろうⅡ」「オフィスはこれからどうなるのか」「窓が開くオフィスビルで働きたい」「知識創造の場（Ba）、二一世紀型オフィスへの再構築！」（オフィスビル総研リポート①〜⑰）「東京オフィスビル市場の分析と展望」（四半期統計）

■主な著作　「定期借家法ガイダンス」「次世代ビルの条件」「都市の記憶〜美しいまちへ」「都市の記憶Ⅱ〜日本の駅舎とクラシックホテル」「新・次世代ビルの条件」「都市の記憶Ⅲ〜日本のクラシックホール（二〇〇七年五月）」

株式会社オフィスビル総合研究所　代表取締役　本田広昭
Commercial Property Research Institute, Inc.
〒104-0061　東京都中央区銀座四-六-一　銀座三和ビル
電話03-3561-8088　FAX03-3564-8040
E-mail　honda@sanko-e.co.jp
http://www.officesoken.com

新・次世代ビルの条件

発　行＝二〇〇六年一二月一二日　第一刷©
二〇〇七年　四月　十日　第二刷

編著者＝オフィスビル総合研究所［ベースビル研究会］

発行者＝鹿島光一

発行所＝鹿島出版会
〒100-6006　東京都千代田区霞が関三－二－五　霞が関ビル６F
電話〇三－五五一〇－五四〇〇　振替〇〇一六〇－二－一八〇八八三

本文デザイン＝石原亮

印刷・製本＝壮光舎印刷

ISBN4-306-04473-4　C3052
Printed in Japan

本書の内容に関するご意見・ご感想は下記までお寄せください。
E-mail : info@kajima-publishing.co.jp
URL : http://www.kajima-publishing.co.jp/